4e année

Mes mathématiques jeunesse simplifiées

France Choquette

CEC parasco

9001, boul. Louis-H.-La Fontaine, Anjou (Québec) Canada H1J 2C5
Téléphone : 514-351-6010 · Télécopieur : 514-351-3534

Édition *Mes mathématiques Jeunesse simplifiées – Cahier de 4e année*

Direction de l'édition
Alexandra Labrèche

Direction de la production
Danielle Latendresse

Direction de la coordination
Rodolphe Courcy

Charge de projet
Diane Karneyeff

Mise au point éditoriale
Koliny Chhim

Conception et réalisation de la page couverture
Accent Tonique

Réalisation graphique
Interscript

Illustrations
Patrick Bizier (44H)
Yves Boudreau

Production audiovisuelle
FICTION PLUS Inc.

Remerciements
L'Éditeur tient à remercier madame Julie Duchesne pour la conception et l'élaboration des capsules vidéo à titre d'enseignante.

Édition *Les activités de Pri-Math – Cahier de 4e année*

Direction de l'édition
Diane De Santis

Direction de la production
Danielle Latendresse

Charge de projet
Diane Karneyeff

Conception et réalisation
aXIS COMMUNICATION

Illustrations
Yves Boudreau

Conception et réalisation de la page couverture
aXIS COMMUNICATION

9001, boul. Louis-H.-La Fontaine
Anjou (Québec) H1J 2C5

Dépôt légal : 2012
Bibliothèque et Archives nationales du Québec
Bibliothèque et Archives Canada

ISBN 978-2-7617-3867-5
ISBN 2-7617-1668-0 (Édition originale, *Les activités de Pri-Math – Cahier de 4e année*, 2000)

Imprimé au Canada
1 2 3 4 5 16 15 14 13 12

Mot aux parents

Mes mathématiques Jeunesse simplifiées est un cahier d'exercices dans lequel votre enfant fera des apprentissages en mathématique tout en s'amusant.

Ces exercices, présentés dans l'ordre alphabétique selon leur contenu, développeront chez l'enfant son habileté à réfléchir, à observer, à déduire, à résoudre des problèmes et à calculer.

Ce cahier est conçu pour accompagner l'enseignement dispensé en classe. Il n'a pas la prétention de remplacer l'enseignante ou l'enseignant, mais se veut plutôt un moyen différent de présenter à votre enfant des situations dans lesquelles il ou elle consolidera ou révisera ses apprentissages mathématiques.

En plus des termes mathématiques définis clairement et rigoureusement au haut des pages, des liens URL et des codes QR sont parfois indiqués. Ils permettent d'accéder en ligne à des capsules qui présentent des leçons mathématiques dispensées par une enseignante. Chaque vidéo est généralement présentée en trois parties :

1. Le concept est expliqué à l'enfant à l'aide de manipulation de matériel ;
2. La notion lui est expliquée au tableau, comme il le ferait sur une feuille ;
3. Un résumé rappelle à l'enfant, ou au parent, les étapes importantes de la démarche proposée.

Avec tous ces outils, il sera facile de soutenir votre enfant dans ses apprentissages, ou de lui rappeler les notions lors de révisions.

Bon succès !

Table des matières

A Addition avec retenue

a b c d e f g h i j k l m n o p q r s t u v w x y z

Addition avec retenue

Exemple : 34 + 28 — Additionne d'abord les unités. Tu obtiens 12. Écris 2 comme résultat dans la colonne des unités et reporte le 1 de la dizaine dans la colonne des dizaines. Additionne ensuite les dizaines en tenant compte de la retenue.

	d	u
	1	
	3	4
+	2	8
	6	2

Dans la grille, entoure les couples de nombres dont la somme est égale à **85**. Le nombre qui restera est le nombre à découvrir.

32	29	52	70	39	36	55
51	20	57	47	27	64	14
48	72	31	26	69	18	22
63	58	50	38	28	45	53
40	37	21	56	73	34	66
67	16	35	15	49	65	33
13	46	30	19	71	54	12

Le nombre à découvrir est : ______

Additionner des nombres avec retenue

Exemple :

	m	c	d	u
	1		1	
	1	9	4	5
+	3	8	0	7
	5	7	5	2

1. Additionne les chiffres des unités et n'inscris que le chiffre des unités de la somme obtenue au-dessous de la barre. Reporte le chiffre des dizaines de la somme obtenue au-dessus de la colonne des chiffres occupant cette position (retenue).
2. Recommence l'étape 1, cette fois pour la position des dizaines, et ainsi de suite, en additionnant, s'il y a lieu, la retenue.

http://webcec.ca/t73/

Effectue les opérations indiquées.

1 1 485 + 2 695	**2** 3 268 + 4 581	**3** 2 762 + 6 519	**4** 3 403 + 2 437
5 4 628 + 2 137	**6** 5 367 + 1 917	**7** 6 309 + 2 754	**8** 7 898 + 1 234
9 7 586 + 1 226	**10** 4 879 + 3 684	**11** 6 803 − 2 765	**12** 3 562 − 2 178
13 5 326 − 1 417	**14** 8 201 − 5 345	**15** 7 952 − 4 373	**16** 3 024 − 1 118
17 9 627 − 4 299	**18** 8 752 − 2 264	**19** 5 922 − 2 617	**20** 7 433 − 3 746

Additionner des nombres avec retenue

Exemple :

m	c	d	u
1		1	
1	9	4	5
+ 3	8	0	7
5	7	5	2

1. Additionne les chiffres des unités et n'inscris que le chiffre des unités de la somme obtenue au-dessous de la barre. Reporte le chiffre des dizaines de la somme obtenue au-dessus de la colonne des chiffres occupant cette position (retenue).
2. Recommence l'étape 1, cette fois pour la position des dizaines, et ainsi de suite, en additionnant, s'il y a lieu, la retenue.

http://webcec.ca/t73/

Effectue les additions suivantes.
Toutes les sommes apparaissent dans le dessin du bas. Colorie les pièces du dessin où sont inscrites ces sommes. Tu découvriras un fruit.

1. 39 621 + 50 609 = ______
2. 64 328 + 22 953 = ______
3. 73 683 + 14 719 = ______
4. 16 781 + 72 543 = ______
5. 66 524 + 13 359 = ______
6. 74 432 + 15 788 = ______
7. 59 928 + 25 622 = ______
8. 37 779 + 44 226 = ______
9. 86 034 + 11 129 = ______
10. 52 505 + 23 986 = ______
11. 71 367 + 14 888 = ______
12. 43 763 + 29 777 = ______

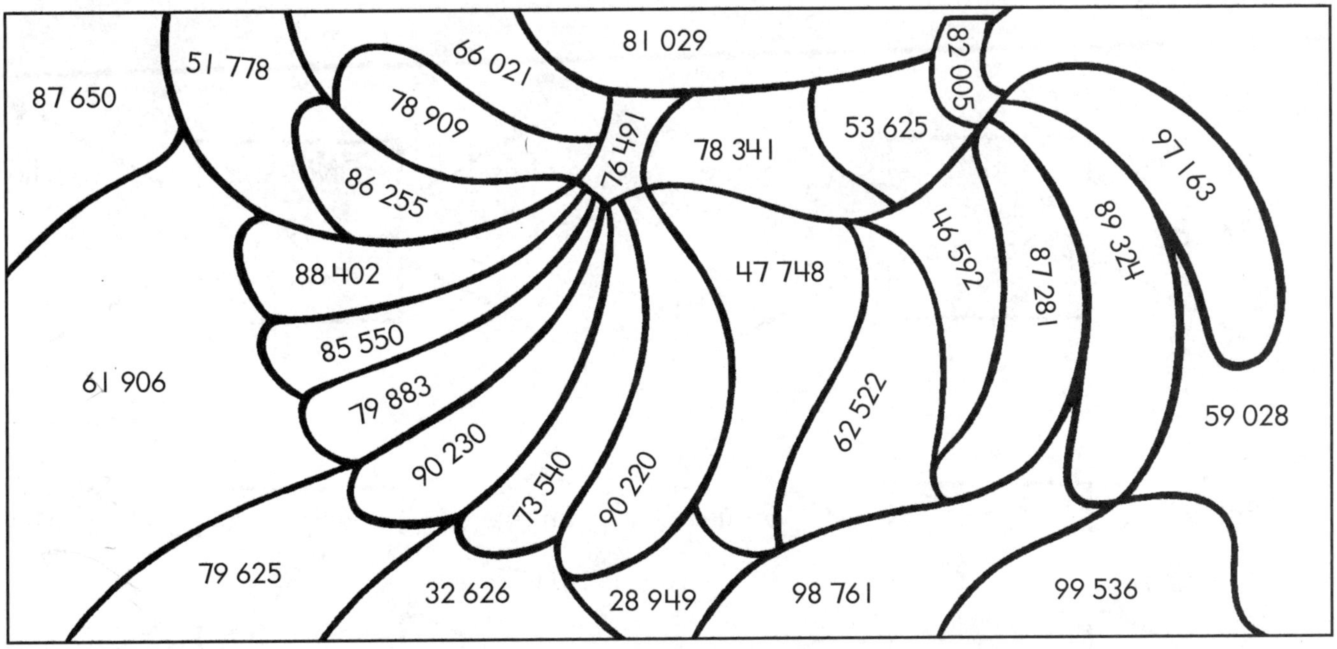

Qu'as-tu découvert ? ______

A Additionner des nombres avec retenue

Additionner des nombres avec retenue

Exemple :

	m	c	d	u
	1		1	
	1	9	4	5
+	3	8	0	7
	5	7	5	2

1. Additionne les chiffres des unités et n'inscris que le chiffre des unités de la somme obtenue au-dessous de la barre. Reporte le chiffre des dizaines de la somme obtenue au-dessus de la colonne des chiffres occupant cette position (retenue).
2. Recommence l'étape 1, cette fois pour la position des dizaines, et ainsi de suite, en additionnant, s'il y a lieu, la retenue.

http://webcec.ca/t73/

Les machines peuvent transformer des choses et des nombres aussi. Fais subir aux nombres les transformations indiquées.

A Entrée : 5 995 — Ajoute 3 846 — Sortie :

B Entrée : 46 — Multiplie par 39 — Sortie :

C Entrée : 1 226 — Arrondis à la centaine près — Sortie :

D Entrée : 45 013 — Enlève 18 429 — Sortie :

E Entrée : 7 648 — Ajoute 8 dizaines et 3 centaines — Sortie :

F Entrée : 72 — Divise par 9 — Sortie :

G Entrée : 17 924 — Ajoute 42 685 — Sortie :

H Entrée : 145 — Multiplie par 8 — Sortie :

Additionner des nombres avec retenue

Exemple :

	m	c	d	u
	1		1	
	1	9	4	5
+	3	8	0	7
	5	7	5	2

1. Additionne les chiffres des unités et n'inscris que le chiffre des unités de la somme obtenue au-dessous de la barre. Reporte le chiffre des dizaines de la somme obtenue au-dessus de la colonne des chiffres occupant cette position (retenue).
2. Recommence l'étape 1, cette fois pour la position des dizaines, et ainsi de suite, en additionnant, s'il y a lieu, la retenue.

http://webcec.ca/t73/

Trouve les sommes.

1 18 583 + 11 629 + 13 456 = ______

2 15 021 + 17 747 + 23 835 = ______

3 26 972 + 12 684 + 19 328 = ______

4 32 107 + 14 968 + 19 075 = ______

5 53 628 + 14 279 + 10 116 = ______

6 18 543 + 19 639 + 12 268 = ______

7 11 321 + 36 115 + 15 998 = ______

8 27 520 + 23 663 + 17 708 = ______

9 7 689 + 13 724 + 71 336 = ______

10 46 006 + 9 575 + 18 119 = ______

11 58 373 + 11 508 + 5 442 = ______

12 73 468 + 13 719 + 10 533 = ______

13 34 681 + 15 722 + 6 244 = ______

14 60 834 + 4 991 + 6 879 = ______

15 28 494 + 12 611 + 11 837 = ______

16 36 173 + 18 007 + 13 865 = ______

Additionner des nombres avec retenue

Additionner des nombres avec retenue

Exemple :

```
   m c d u
   1   1
   1 9 4 5
 + 3 8 0 7
   5 7 5 2
```

1. Additionne les chiffres des unités et n'inscris que le chiffre des unités de la somme obtenue au-dessous de la barre. Reporte le chiffre des dizaines de la somme obtenue au-dessus de la colonne des chiffres occupant cette position (retenue).
2. Recommence l'étape 1, cette fois pour la position des dizaines, et ainsi de suite, en additionnant, s'il y a lieu, la retenue.

http://webcec.ca/t73/

Encercle toutes les paires de nombres dont la somme est **426**.
Il ne restera qu'un seul nombre dans la grille.

157	188	143	110	245	312	228	174	101
252	200	276	212	182	144	300	296	158
112	167	152	115	205	237	139	111	199
294	251	168	214	220	221	179	269	316
242	181	315	249	320	257	148	127	119
282	221	126	205	283	132	253	311	274
325	307	299	258	124	314	238	175	244
247	287	114	130	227	198	226	259	177
206	302	278	189	150	169	173	268	184

Le nombre est :

Additionner deux nombres dont la somme est inférieure à 100 000. [Opérations]

A Additionner des nombres avec retenue

Additionner des nombres avec retenue

Exemple :

	m	c	d	u
	1		1	
	1	9	4	5
+	3	8	0	7
	5	7	5	2

1. Additionne les chiffres des unités et n'inscris que le chiffre des unités de la somme obtenue au-dessous de la barre. Reporte le chiffre des dizaines de la somme obtenue au-dessus de la colonne des chiffres occupant cette position (retenue).
2. Recommence l'étape 1, cette fois pour la position des dizaines, et ainsi de suite, en additionnant, s'il y a lieu, la retenue.

http://webcec.ca/t73/

a b c d e f g h i j k l m n o p q r s t u v w x y z

Effectue les additions.

1
58 926
+ 35 478

2
31 864
+ 62 359

3
69 569
+ 21 565

4
35 420
+ 45 588

5
75 072
+ 13 359

6
47 207
+ 41 457

7
25 767
+ 58 645

8
88 631
+ 10 879

9
19 608
13 406
+ 26 324

10
46 021
18 543
+ 10 432

11
23 749
17 533
+ 25 677

12
34 889
37 526
+ 13 635

13
15 645
29 009
+ 19 782

14
22 944
16 708
+ 45 113

15
54 325
29 435
+ 13 500

16
27 535
12 848
+ 47 478

Aire

L'aire est la mesure de la surface délimitée par une figure ou une courbe.

Exemple : L'aire de cette figure est de 5 carrés-unités.

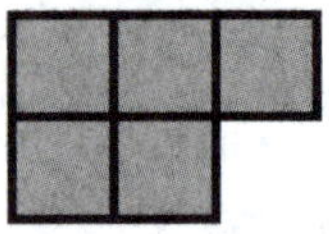

http://webcec.ca/w74/

Noah a dessiné un plan d'évacuation de sa maison.

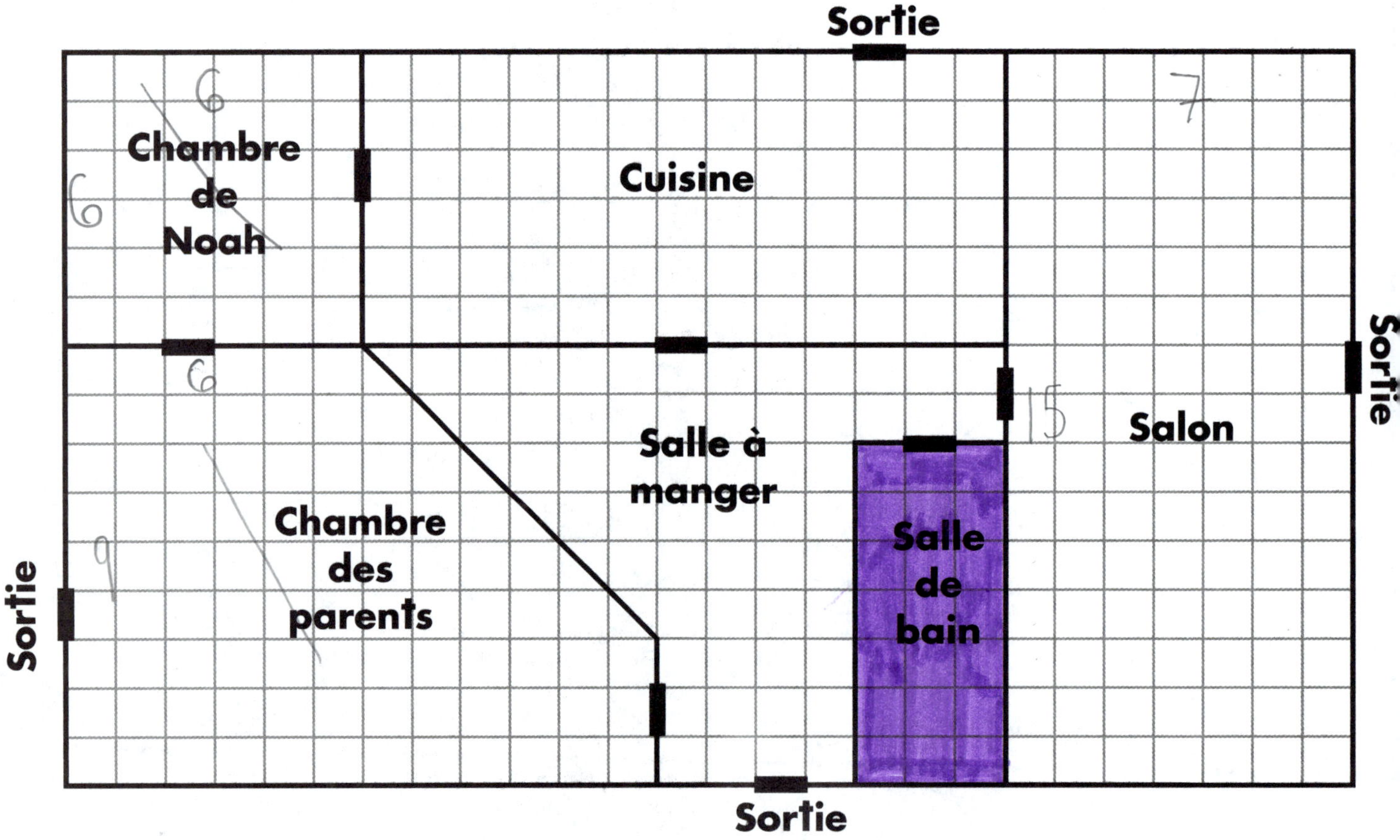

1 Quelle est l'aire totale de la maison ? ____________________

2 Quelle est l'aire de la plus petite pièce ? 7x3=21

3 Quelle est l'aire de la plus grande pièce ? ____________________

4 Place les pièces en ordre décroissant selon leur aire.

____________________ ____________________

____________________ ____________________

____________________ ____________________

5 Colorie les pièces de la plus petite à la plus grande en utilisant dans l'ordre les couleurs suivantes :

1 = jaune 2 = vert 3 = rouge 4 = bleu 5 = orange 6 = mauve

Aire

L'aire est la mesure de la surface délimitée par une figure ou une courbe.

Exemple : L'aire de cette figure est de 5 carrés-unités.

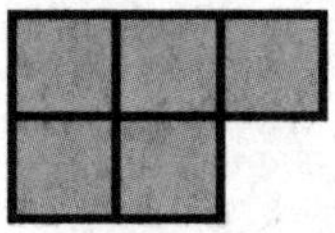

http://webcec.ca/w74/

Calcule l'aire de chaque figure.

A

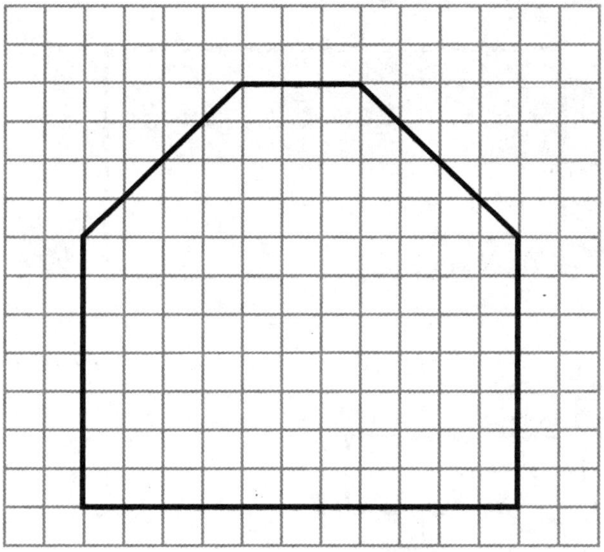

m^2

B

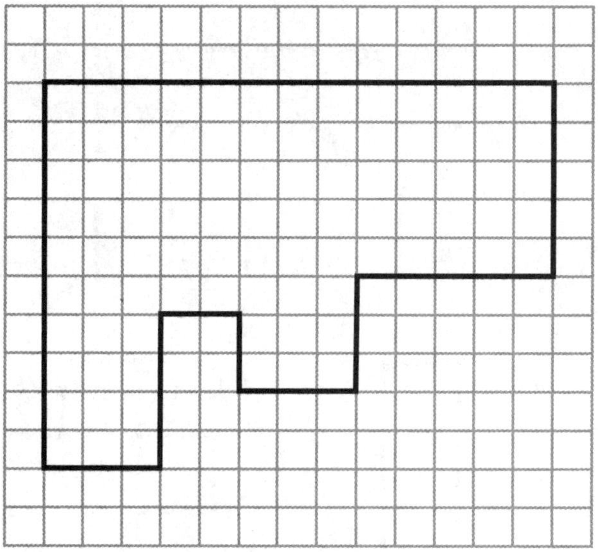

m^2

C

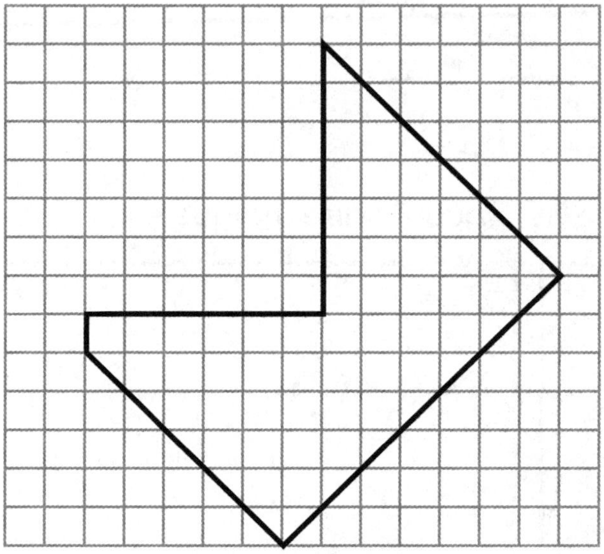

m^2

D

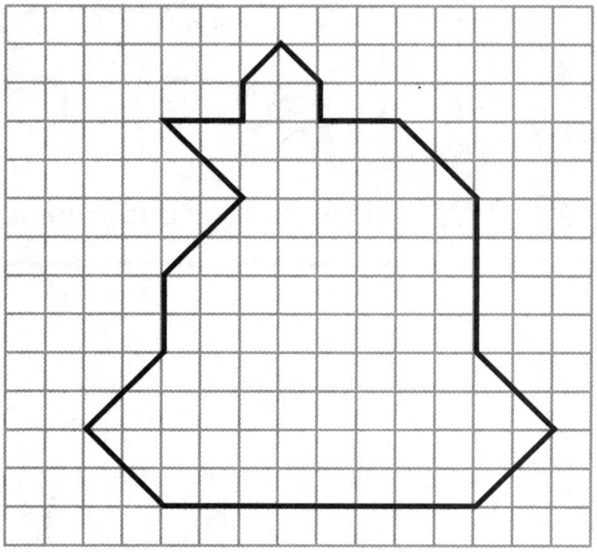

m^2

Estimer et mesurer les surfaces de figures planes à l'aide de différentes grilles ou de carrés-unités. [Mesure]

Aire (calcul)

Pour calculer l'aire d'une figure, il faut dénombrer les unités de surface qui la recouvrent.

Exemple : On veut calculer l'aire du rectangle ci-contre sachant que chaque carré-unité correspond à 1 cm^2.

6 carrés-unités recouvrent la surface du rectangle, son aire est donc de 6 cm^2.

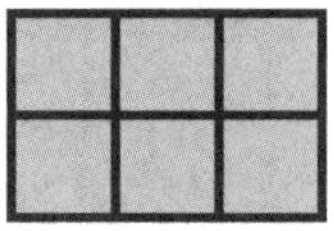

http://webcec.ca/w74/

Grand-mère assemble des morceaux de tissu pour faire une courtepointe.

1 Calcule l'aire de chaque morceau de tissu, en centimètres carrés.

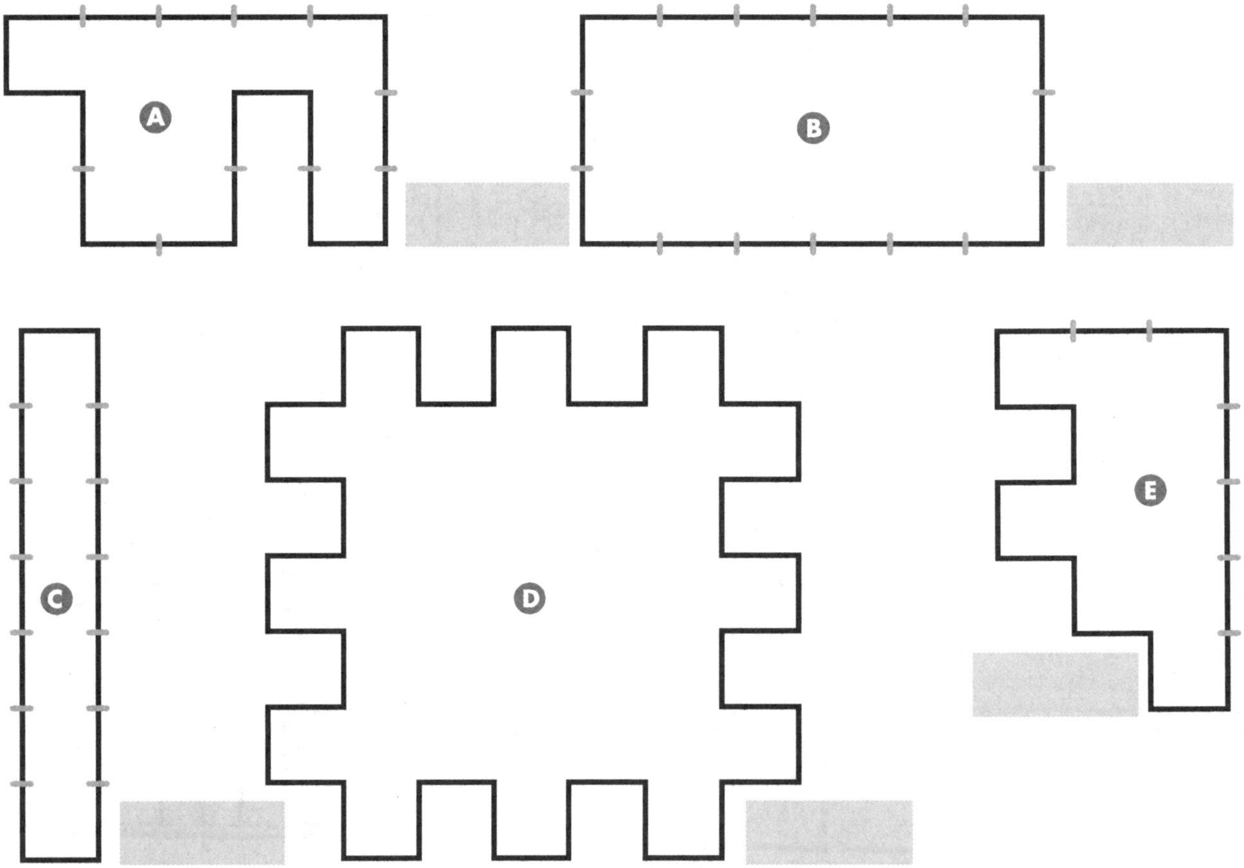

2 Dessine à ton tour des morceaux de tissu ayant l'aire indiquée.

A — 12 cm^2

B — 9 cm^2

Aire (calcul)

Pour calculer l'aire d'une figure, il faut dénombrer les unités de surface qui la recouvrent.

Exemple : On veut calculer l'aire du rectangle ci-contre sachant que chaque carré-unité correspond à 1 cm^2.
6 carrés-unités recouvrent la surface du rectangle, son aire est donc de 6 cm^2.

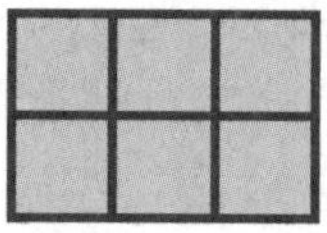

http://webcec.ca/w74/

Trouve l'aire de chacune des figures suivantes.

□ représente 1 cm^2

1

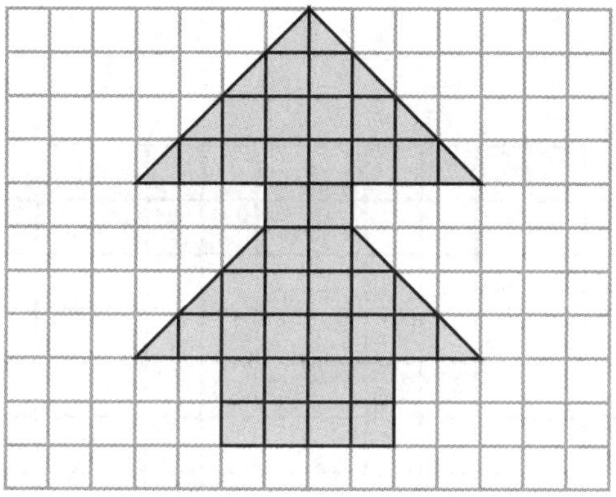

______ cm^2

2

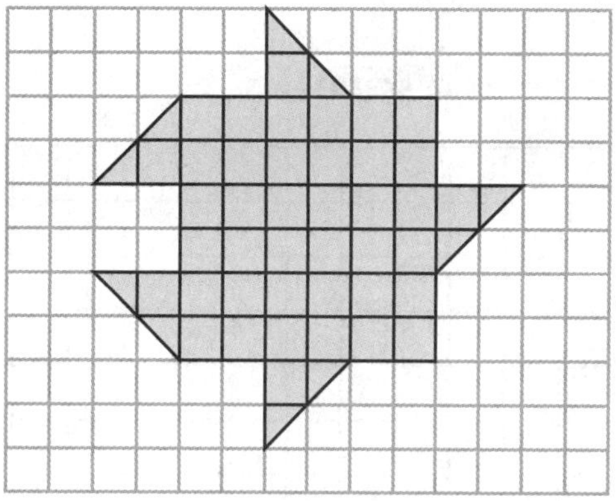

______ cm^2

3

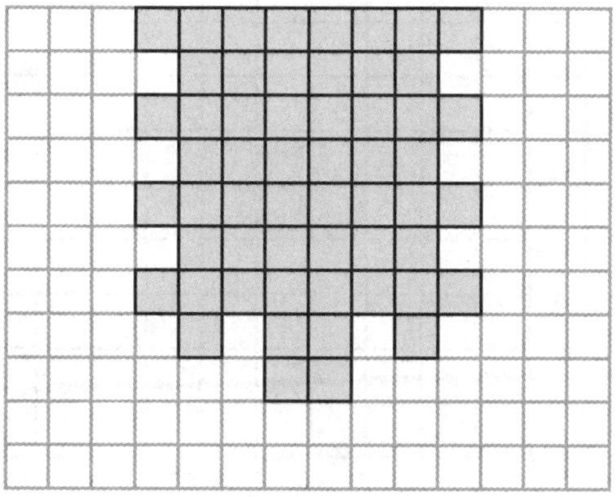

______ cm^2

4

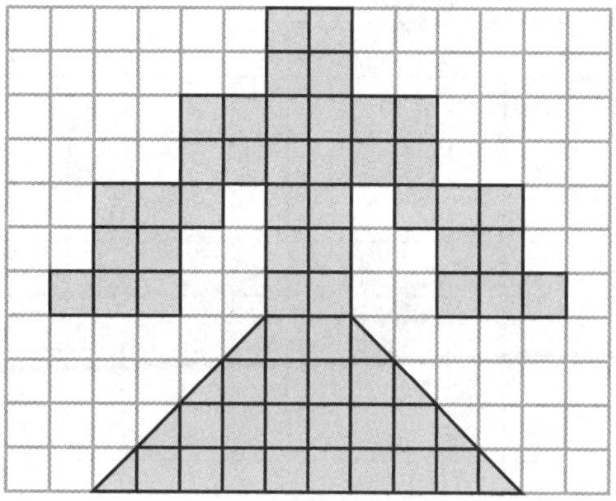

______ cm^2

5

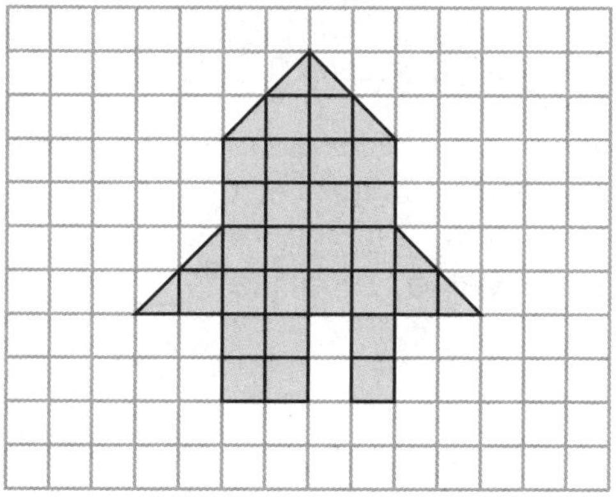

______ cm^2

6

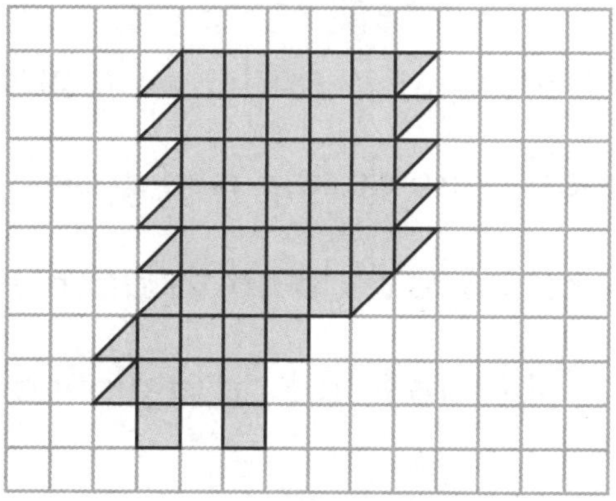

______ cm^2

a b c d e f g h i j k l m n o p q r s t u v w x y z

Aire (calcul)

Pour calculer l'aire d'une figure, il faut dénombrer les unités de surface qui la recouvrent.

Exemple : On veut calculer l'aire du rectangle ci-contre sachant que chaque carré-unité correspond à 1 cm^2.

6 carrés-unités recouvrent la surface du rectangle, son aire est donc de 6 cm^2.

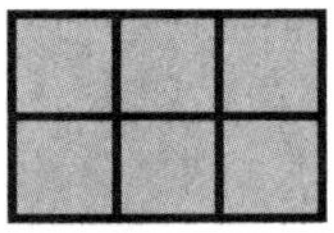

http://webcec.ca/w74/

Il fait très chaud aujourd'hui.
Larissa a invité toute la classe à venir se baigner après l'école.

Voici le plan de la piscine :

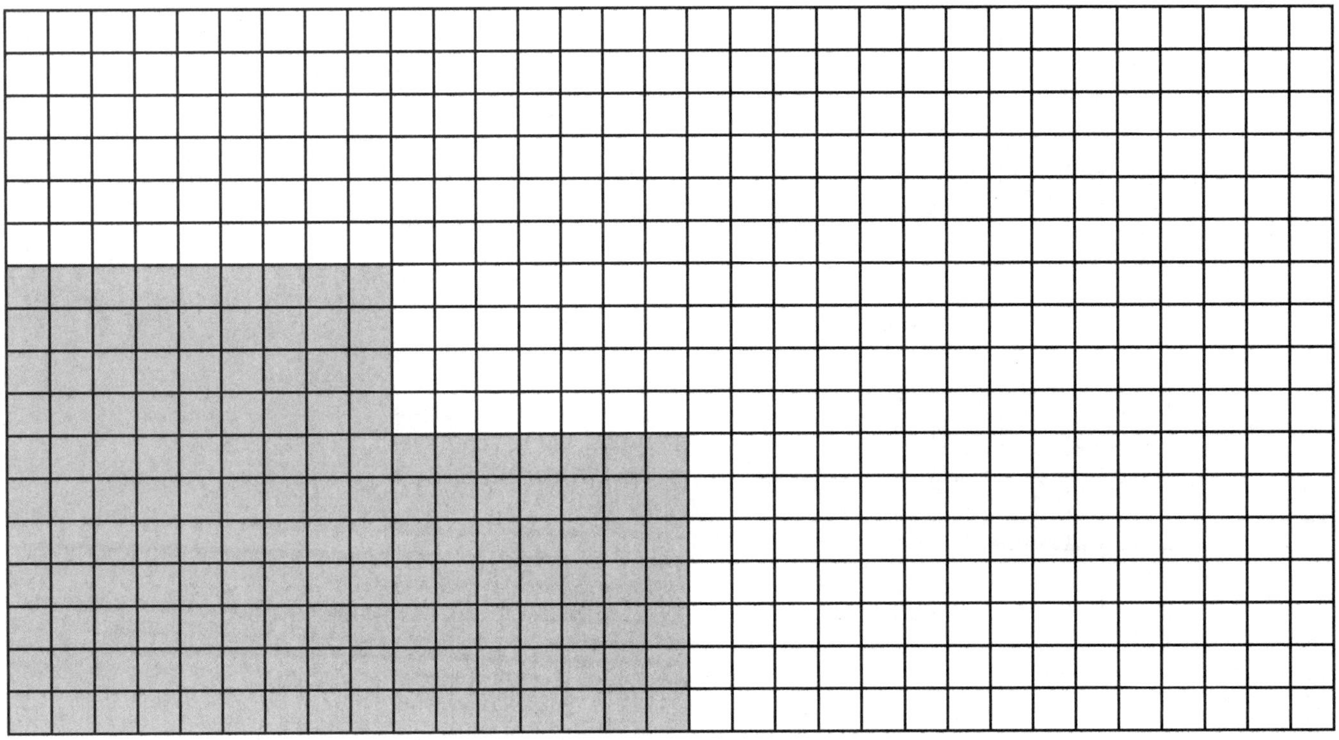

1. Colorie en vert la partie de la piscine qui a une aire de 78 ☐.
2. Colorie en rouge la partie de la piscine qui a une aire de 123 ☐.
3. Quelle est l'aire de la partie grise ? _______ ☐
4. Quelle est l'aire de la partie qui n'est ni rouge, ni verte, ni grise ? _______ ☐
5. Quelle est l'aire totale de la piscine ? _______ ☐

A Angle aigu

Angle aigu

Un angle aigu est un angle dont la mesure est comprise entre 0 et 90°.

Exemple : L'angle A est un angle aigu, car sa mesure est de 30°.

m ∠ A = 30°

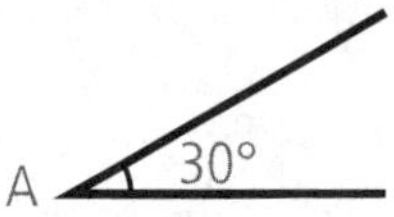

Complète le tableau.

Polygone	Caractéristiques						
	Nombre de côtés	Nombre de sommets	Nombre d'angles droits	Nombre d'angles aigus	Nombre d'angles obtus	Non convexe	Convexe
1 							
2 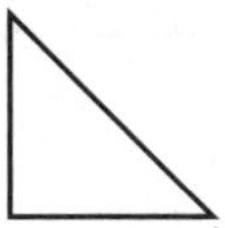							
3 							
4 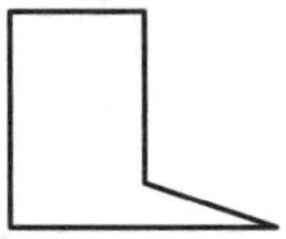							
5 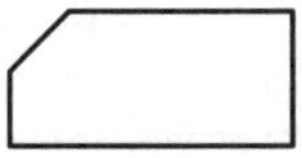							
6 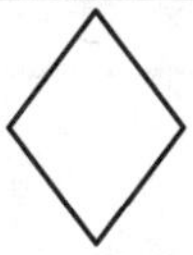							
7 							
8 							
9 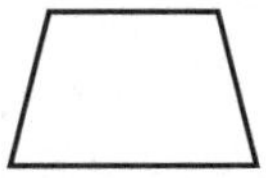							

Angle droit
Symbole : ∟

Un angle droit est un angle dont la mesure est de 90°.
Exemple : L'angle A est un angle droit, car sa mesure est de 90°.
m ∠ A = 90°

A

Regarde bien les angles formés par les pieds.
Trace des X aux endroits appropriés dans le tableau.

Angle	Angle droit	Plus grand qu'un angle droit	Plus petit qu'un angle droit
A 			
B 			
C 			
D 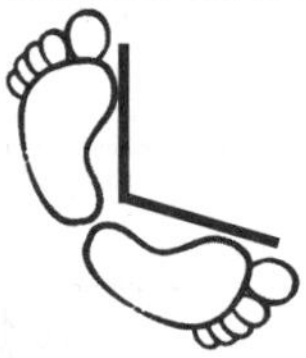			
E 			
F 			
G 			

Identifier et représenter des angles droits. [Géométrie]

Angle droit

Symbole : ∟

Un angle droit est un angle dont la mesure est de 90°.

Exemple : L'angle A est un angle droit, car sa mesure est de 90°.

m ∠ A = 90°

Effectue le travail demandé.

Les angles droits

Combien d'angles droits y a-t-il dans chaque figure ?
Écris tes réponses dans le tableau.

Aucun angle droit	1 angle droit	2 angles droits	3 angles droits	4 angles droits

a b c d e f g h i j k l m n o p q r s t u v w x y z

Arête

Une arête est formée par la rencontre de deux faces d'un solide.

Exemples : 1)

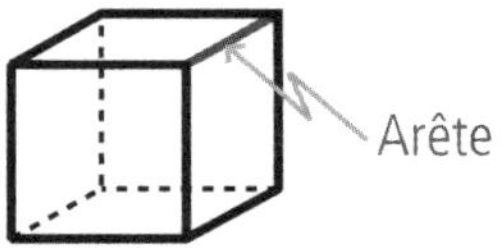

2)

3)

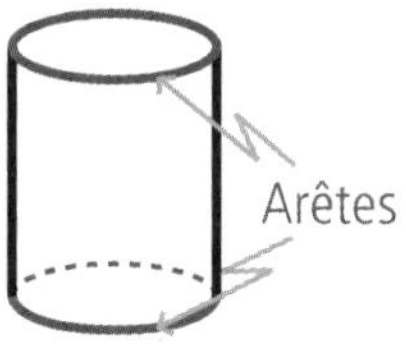

http://webcec.ca/p38/

Trouve les réponses à ces devinettes géométriques.

1 Je suis un polyèdre convexe, formé de 1 carré et de 4 triangles.
Qui suis-je ?

2 Je ne suis pas un polyèdre. Je possède une seule face plane.
Qui suis-je ?

3 Je ressemble à une boîte de conserve et je roule.
Qui suis-je ?

4 Je suis un polyèdre formé de 9 arêtes et de 6 sommets.
Qui suis-je ?

5 Je suis un polyèdre formé de 4 rectangles et de 2 carrés.
Qui suis-je ?

6 Je suis un polyèdre convexe et toutes mes faces sont des triangles.
Qui suis-je ?

Arrondir (à une position donnée)

Arrondir (à une position donnée)

Exemple : Arrondir 1838 à la centaine près.

1. Souligne le chiffre occupant la position donnée ➔ 1839.
2. Si le chiffre placé immédiatement à la droite de la position donnée est :
   - 0, 1, 2, 3 ou 4, remplace par des zéros tous les chiffres placés à la droite de la position donnée ➔ 1800 ;
   - 5, 6, 7, 8 ou 9, additionne 1 au chiffre occupant la position donnée et remplace par des zéros tous les chiffres placés à la droite de la position donnée.

http://webcec.ca/a38/

Le Jardin zoologique Anima reçoit beaucoup de visiteurs. Dans le tableau, on indique le nombre de personnes qui ont visité le zoo la semaine dernière.

Moment de la journée	Lundi	Mardi	Mercredi	Jeudi	Vendredi	Samedi	Dimanche	TOTAL
Matin	108	75		231	82	126	98	
Midi		206	73	145	109	200	122	1032
Soir	221	59	101	167		198	103	
Total	506		288		404			

1 Complète le tableau.

2 Quel jour de la semaine y a-t-il eu le moins de visiteurs ?

Combien de personnes de moins que le lundi ?

3 Au total, combien de personnes ont visité le zoo le soir ?

4 Combien de personnes ont visité le zoo la semaine dernière ?

5 Arrondis à la centaine près le nombre total de visiteurs chaque jour de la semaine.

Lundi

Mardi

Mercredi

Jeudi

Vendredi

Samedi

Dimanche

6 Combien de personnes ont visité le zoo le samedi et le dimanche ?

A Arrondir (à une position donnée)

Arrondir (à une position donnée)

Exemple : Arrondir 1838 à la centaine près.

1. Souligne le chiffre occupant la position donnée ⟶ 1<u>8</u>39.
2. Si le chiffre placé immédiatement à la droite de la position donnée est :
   - 0, 1, 2, 3 ou 4, remplace par des zéros tous les chiffres placés à la droite de la position donnée ⟶ 1800 ;
   - 5, 6, 7, 8 ou 9, additionne 1 au chiffre occupant la position donnée et remplace par des zéros tous les chiffres placés à la droite de la position donnée.

http://webcec.ca/a38/

Arrondis les nombres selon les consignes.

1 Arrondis à la dizaine près.

A	148		E	421		I	712	
B	232		F	369		J	908	
C	607		G	573		K	685	
D	226		H	862		L	266	

2 Arrondis à la centaine près.

A	269		E	947		I	628	
B	406		F	659		J	879	
C	389		G	271		K	492	
D	107		H	483		L	755	

3 Arrondis à l'unité de mille près.

A	8 736		E	8 639		I	4 478	
B	5 182		F	3 669		J	2 361	
C	7 501		G	9 073		K	8 135	
D	6 849		H	5 925		L	3 729	

4 Arrondis à la dizaine de mille près.

A	38 519		E	55 321		I	25 322	
B	46 732		F	18 641		J	73 674	
C	79 126		G	71 006		K	88 848	
D	13 071		H	60 923		L	64 109	

A Avant, après, entre

Avant, après, entre

Exemples : 2429 2430 2431

Le nombre 2429 vient immédiatement avant le nombre 2430.

Le nombre 2431 vient immédiatement après le nombre 2430.

Le nombre 2430 se situe entre les nombres 2429 et 2431.

Place les nombres manquants sur les casiers.

Le nombre qui vient après :

5182		3421		4534		5585		9417	
2688		9603		7679		3211		6202	

Le nombre qui vient avant :

	6326		9007		7280		6556		1635
	5403		8379		1234		8837		9803

Le nombre qui se situe entre :

6337		6339	2628		2630	5622		5624
9041		9043	1469		1471	5639		5641

Trouver le nombre qui vient immédiatement avant ou immédiatement après un nombre, ou qui se situe entre deux nombres. [Numération]

A Axe de symétrie

Axe de symétrie
Un axe de symétrie est un axe de réflexion situé à l'intérieur d'une figure symétrique.

Exemple :

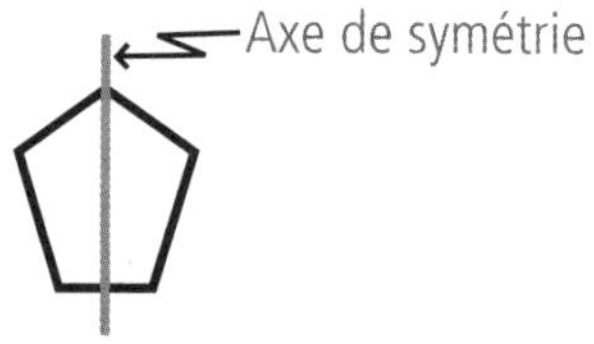

Regarde les formes qui représentent les décorations que Jasmin a fabriquées pour le sapin de Noël.

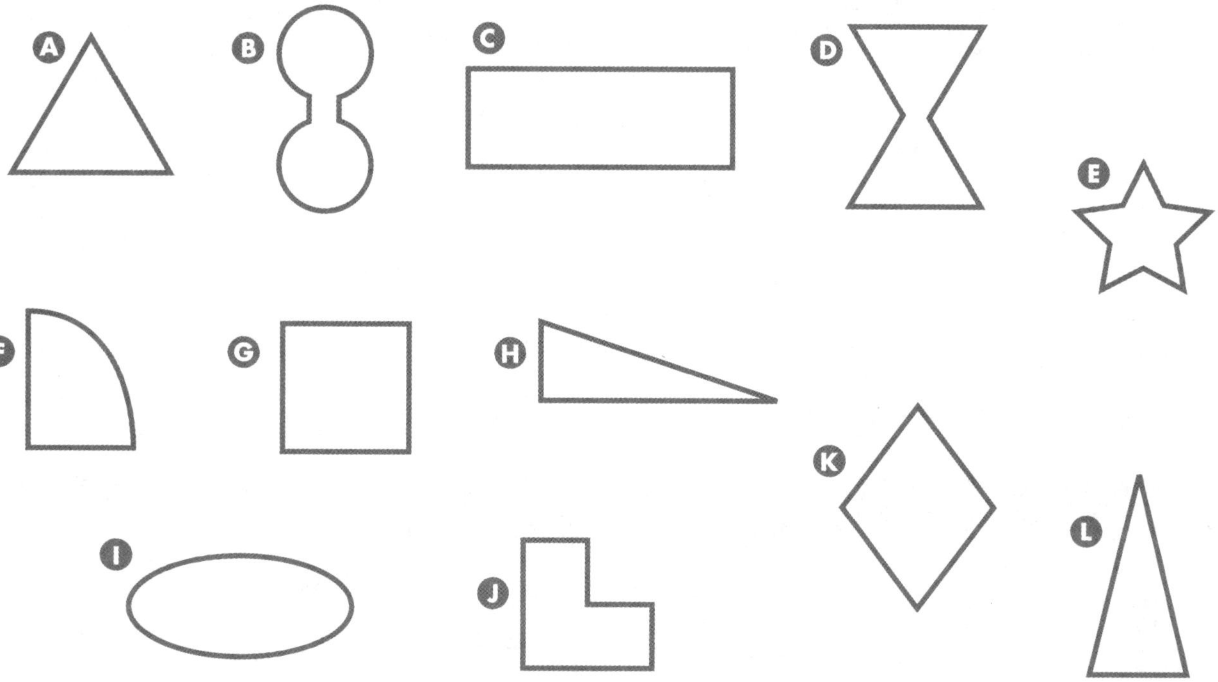

1 Trace l'axe ou les axes de symétrie de chaque décoration, s'il y en a.

2 Classe les décorations dans le tableau selon leur nombre d'axes de symétrie.

0 axe	1 axe	2 axes	3 axes	4 axes

3 Quelle décoration possède le plus d'axes de symétrie ? ____________

Combien en a-t-elle ? ____________

4 Quelles décorations ne sont pas des polygones ? ____________

5 Quel polygone a le plus grand nombre de côtés ? ____________

Combien en a-t-il? ____________

 Trouver le ou les axes de symétrie d'une figure. [Géométrie]

Axe de symétrie

Axe de symétrie
Un axe de symétrie est un axe de réflexion situé à l'intérieur d'une figure symétrique.

Exemple :

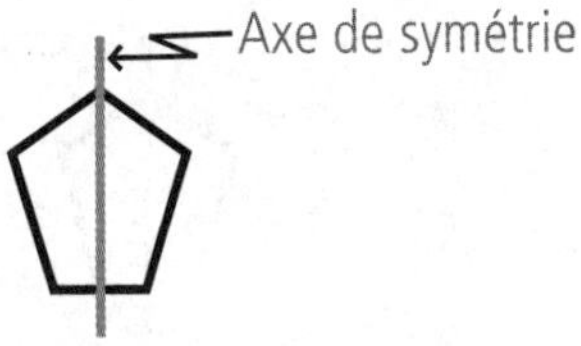

http://webcec.ca/h29/

Trace l'axe ou les axes de symétrie de chaque objet.

A

B

C

D

E

F

G

H

I
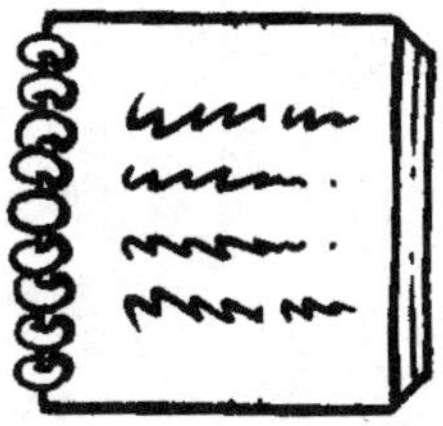

J

K

L

Identifier les axes de symétrie d'une figure. [Géométrie]

A Axe de symétrie

Axe de symétrie

Un axe de symétrie est un axe de réflexion situé à l'intérieur d'une figure symétrique.

Exemple :

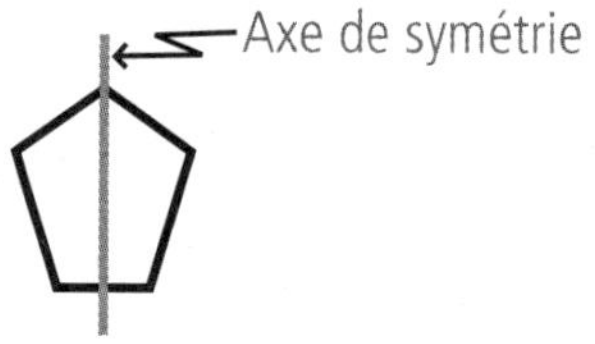

http://webcec.ca/h29/

Reproduis chaque dessin par symétrie.
Colorie ensuite les dessins de façon symétrique.

A

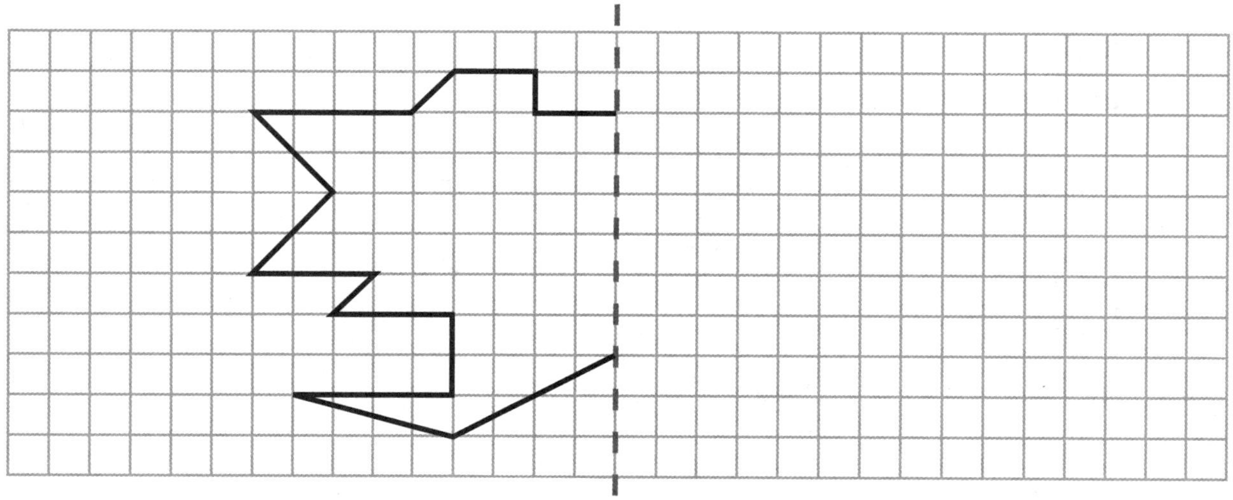

B

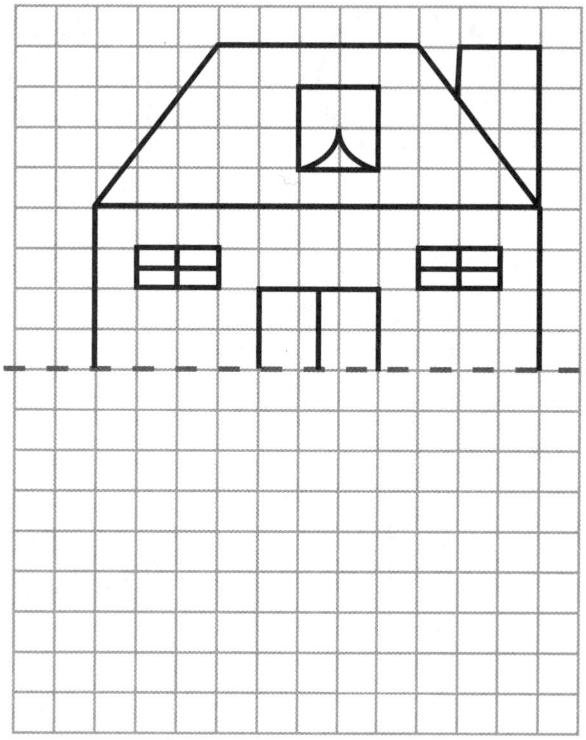

C

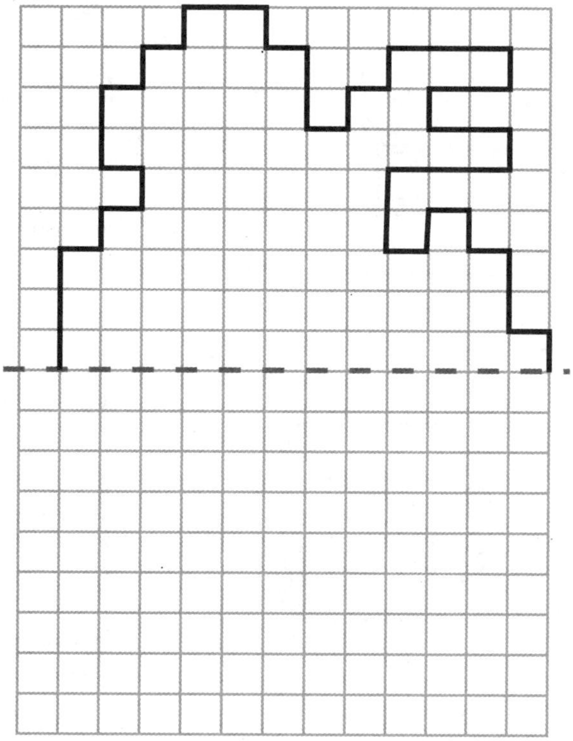

Tracer l'image par symétrie d'une figure. [Géométrie]

Axe de symétrie

Un axe de symétrie est un axe de réflexion situé à l'intérieur d'une figure symétrique.

Exemple :

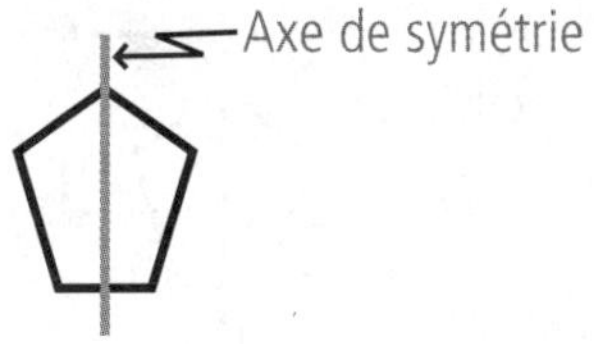

http://webcec.ca/h29/

Complète les chiffres, les lettres et les symboles en utilisant la symétrie.

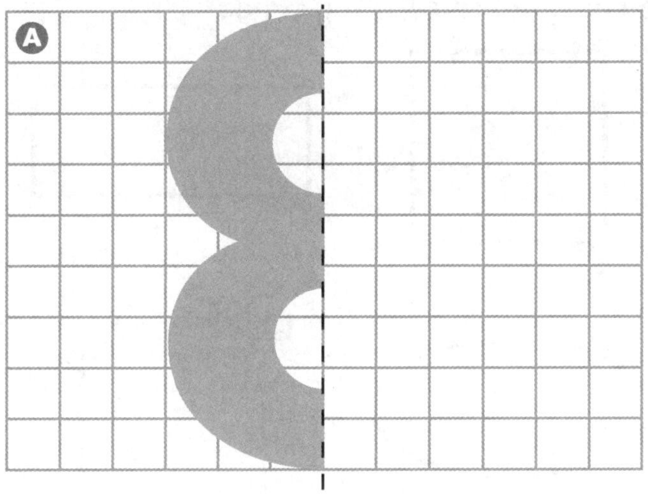

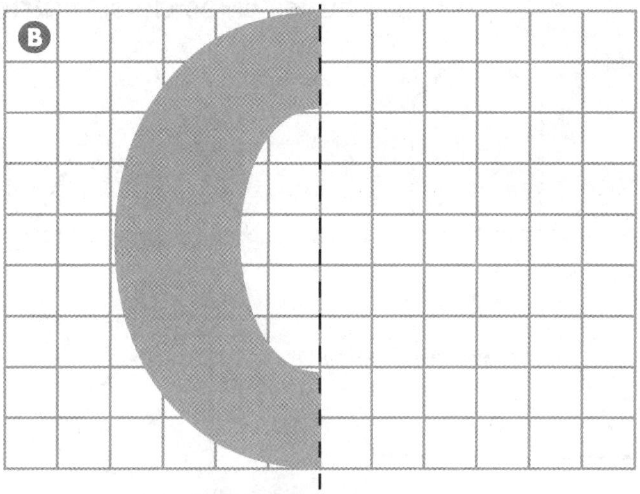

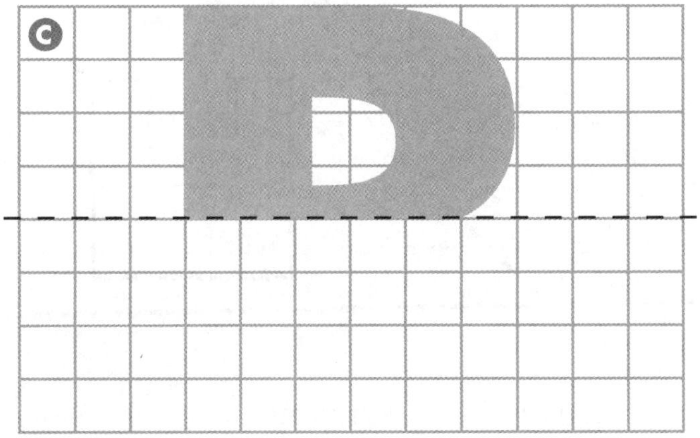

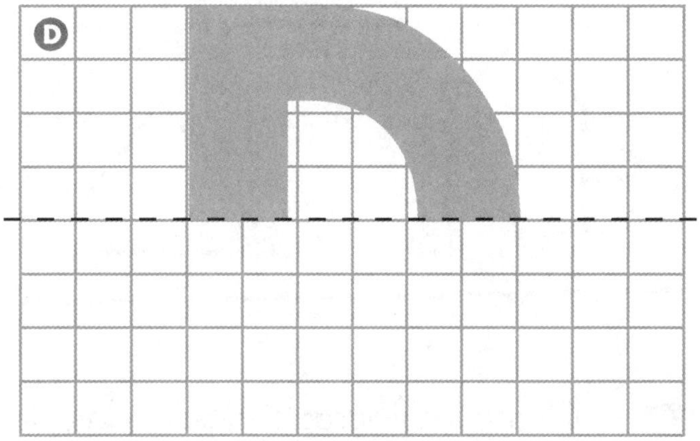

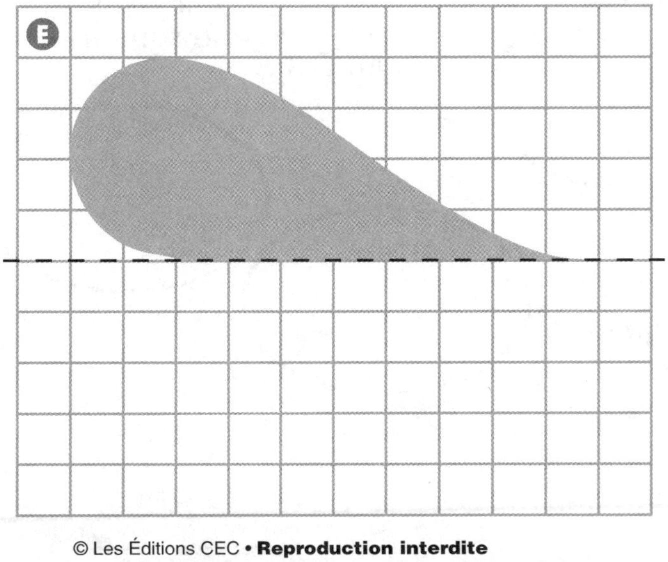

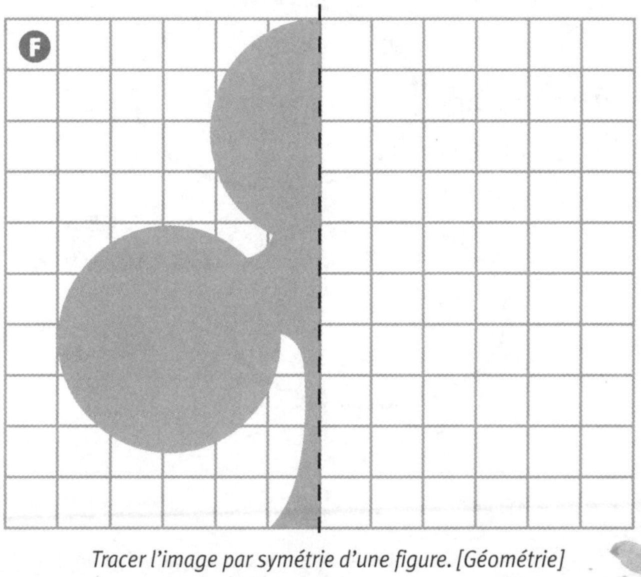

Tracer l'image par symétrie d'une figure. [Géométrie]

a b c d e f g h i j k l m n o p q r s t u v w x y z

Axe de symétrie
Un axe de symétrie est un axe de réflexion situé à l'intérieur d'une figure symétrique.

Exemple :

http://webcec.ca/h29/

1 Voici des pièces d'un jeu de géométrie.
Trace l'axe ou les axes de symétrie de chaque figure, s'il y a lieu.

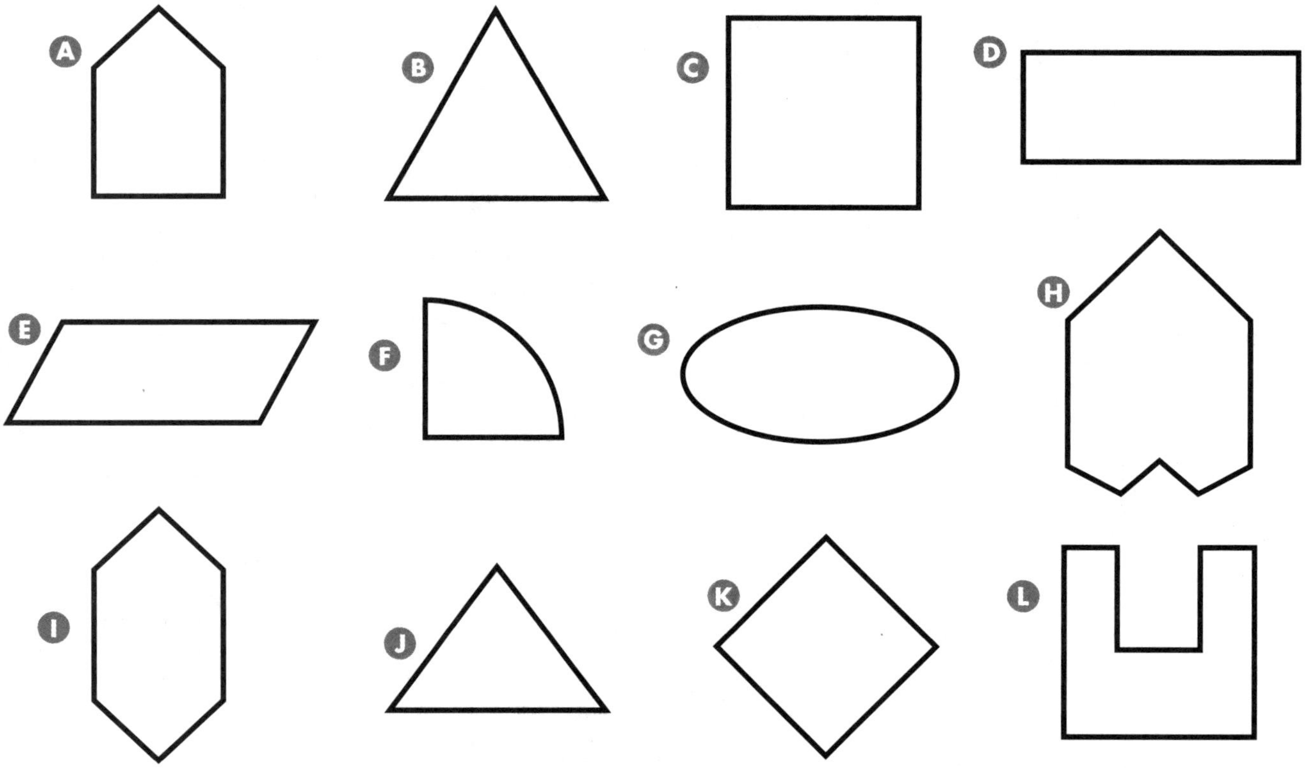

2 Classe les figures ci-dessus dans les ensembles qui conviennent.

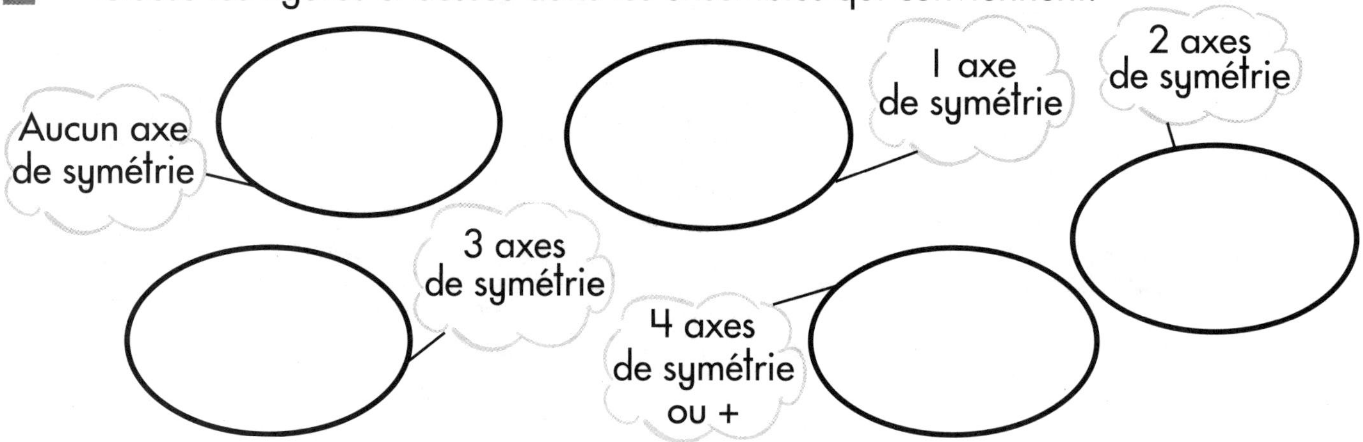

Centimètre

Le centimètre est une unité de mesure de longueur égale à un centième de mètre.

Exemple :

http://webcec.ca/y69/

Trouve la mesure exacte de chaque outil en centimètres.

1

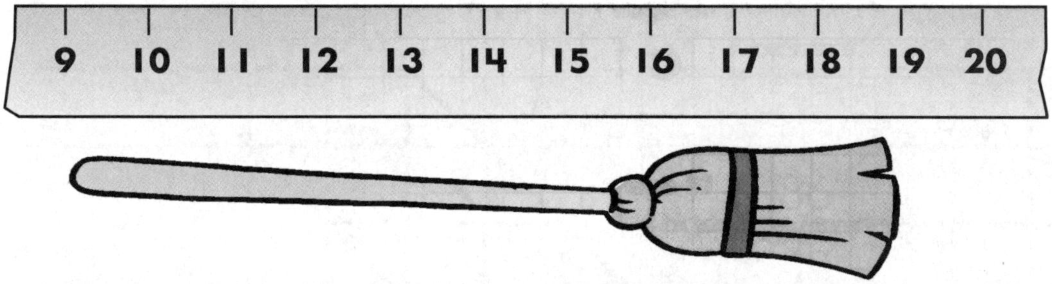

_____ cm

2

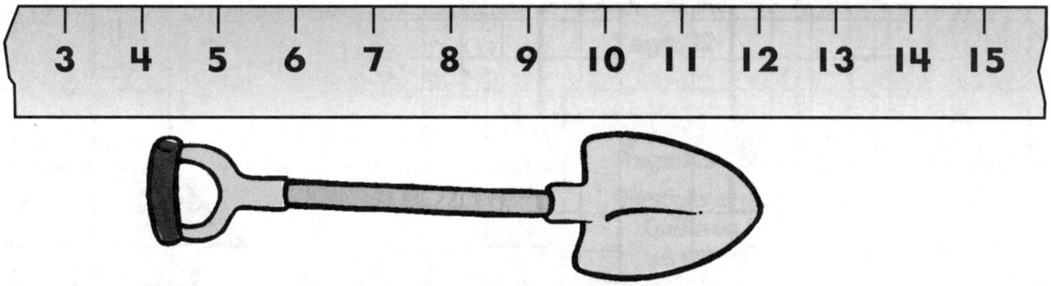

_____ cm

3

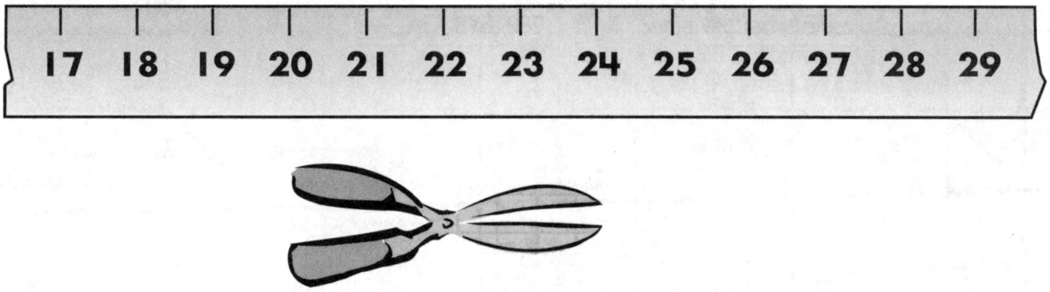

_____ cm

4

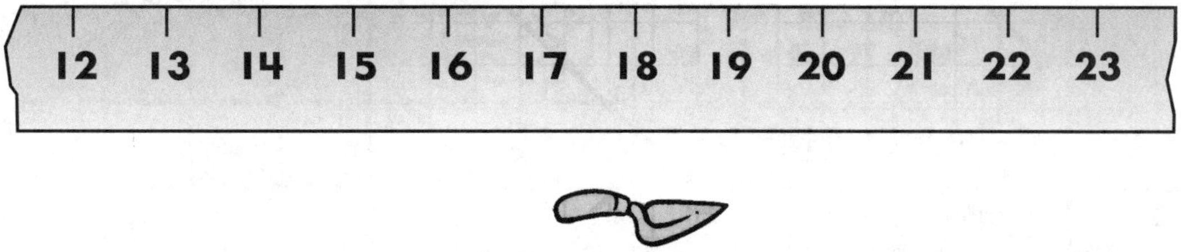

_____ cm

5

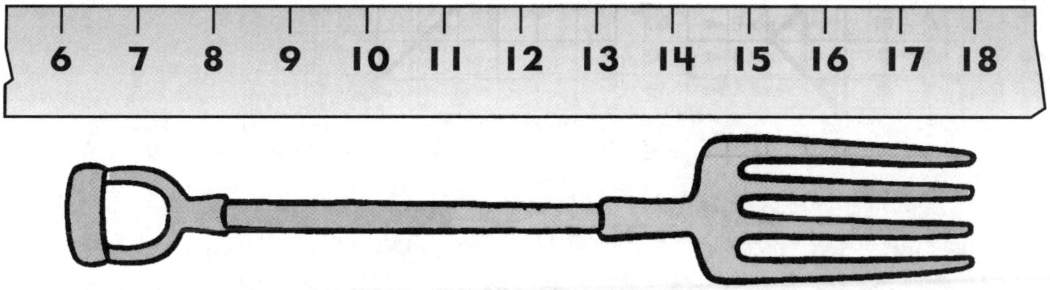

_____ cm

a b c d e f g h i j k l m n o p q r s t u v w x y z

Centimètre carré

Symbole : cm^2

Le centimètre carré est une unité de mesure d'aire égale à celle d'un carré de 1 cm de côté.

Exemple : L'aire de ce carré est de 1 cm^2.

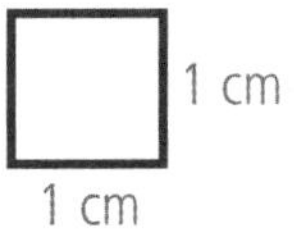

http://webcec.ca/m94/

Calcule l'aire de chaque figure.

□ = $1 cm^2$

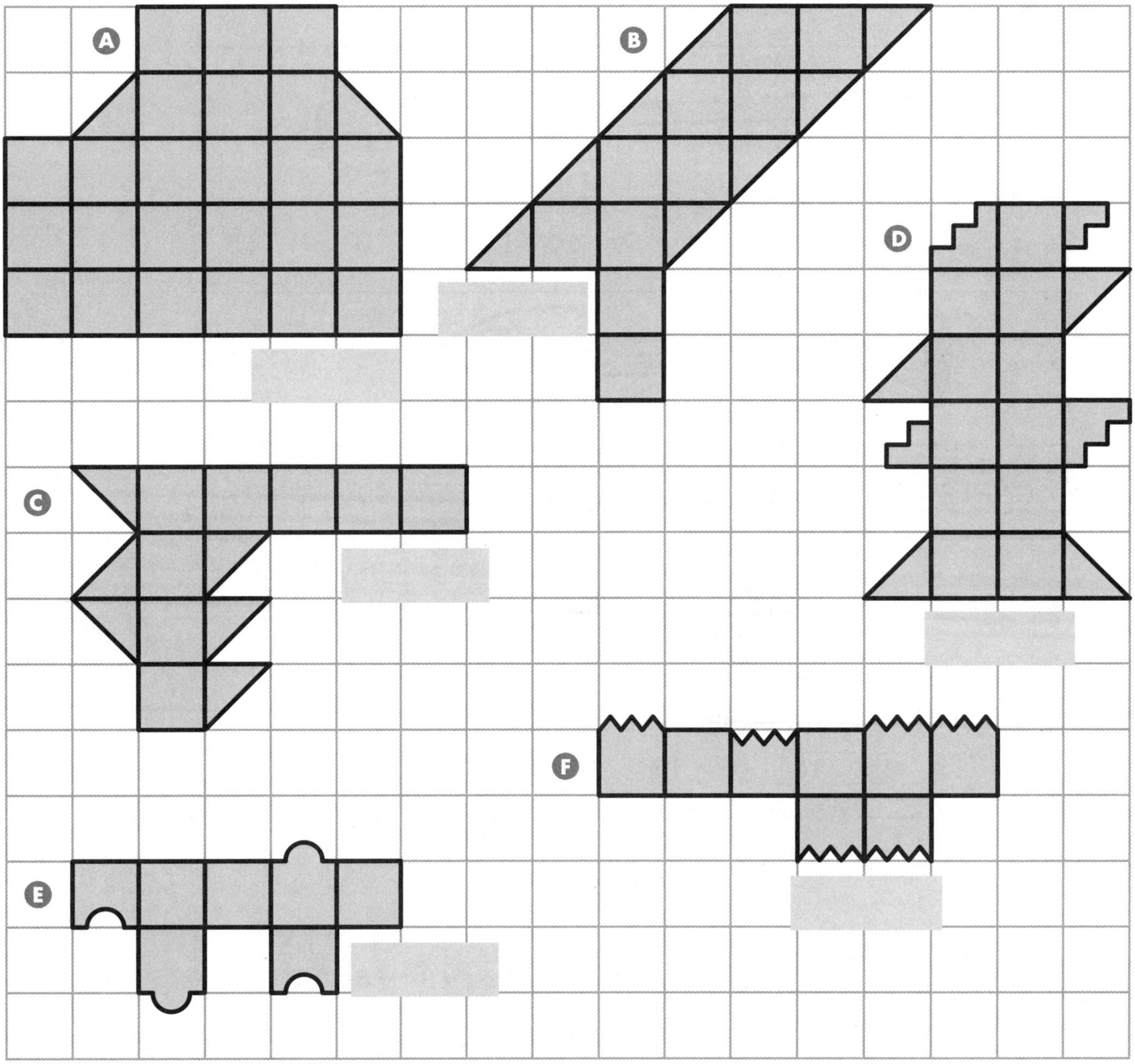

C Conversion d'unités de mesure

Conversion d'unités de mesure

La conversion d'unités de mesure est le passage d'une mesure exprimée dans une unité en une mesure équivalente exprimée dans une autre unité.

http://webcec.ca/c34/

1 Complète ce tableau.

		m	dm	cm	mm
A	1 mètre				
B	2 mètres				
C	4 mètres				
D	3 mètres				
E	6 mètres				
F	9 mètres				
G	5 mètres				
H	7 mètres				
I	8 mètres				

2 Observe toutes ces mesures. Fais un X sur la mesure la plus longue. Entoure la mesure la plus courte.

2 mm | 35 mm | 9 mm | 5 m | 20 dm | 3 mm | 3 cm | 3 dm | 300 mm | 9 cm | 3 m

a b c d e f g h i j k l m n o p q r s t u v w x y z

Conversion d'unités de mesure

La conversion d'unités de mesure est le passage d'une mesure exprimée dans une unité en une mesure équivalente exprimée dans une autre unité.

http://webcec.ca/c34/

Samedi, Louka est allé aux glissades d'eau. Mesure, en centimètres, les longueurs des glissades qu'il a dessinées. Complète ensuite le tableau.

1

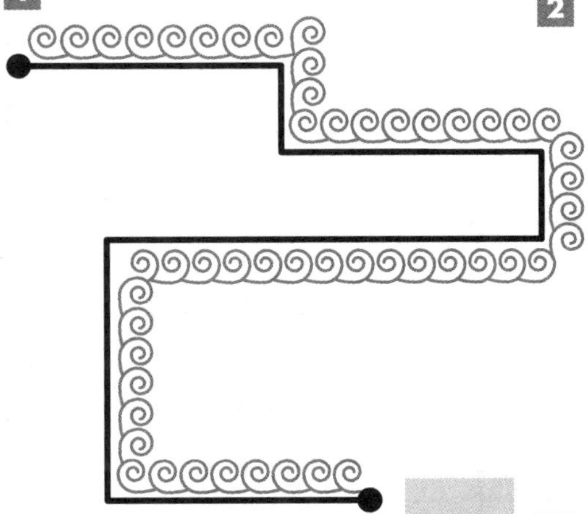

___ cm

2

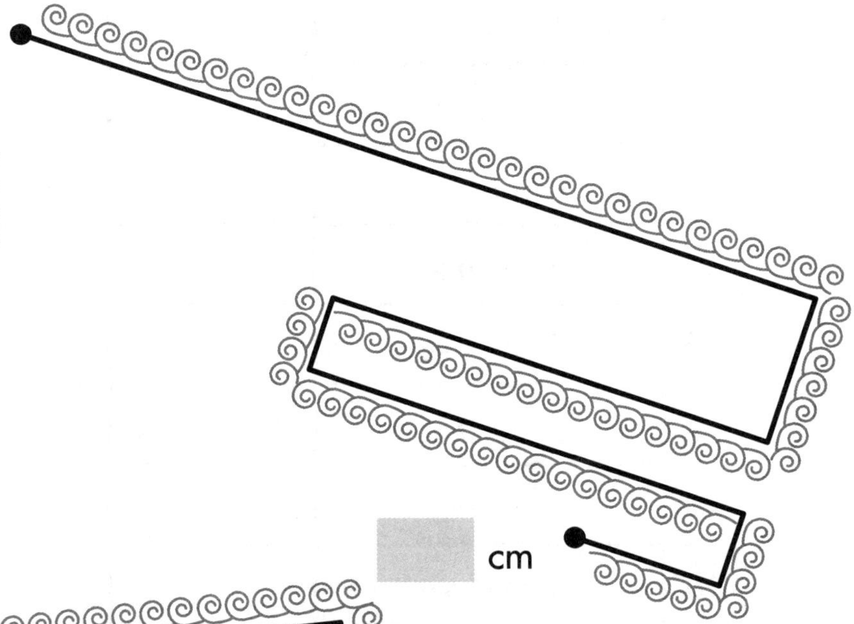

___ cm

3

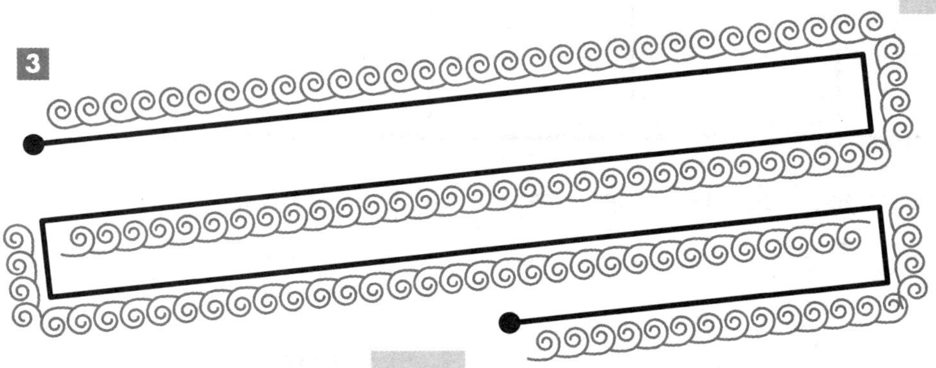

___ cm

4

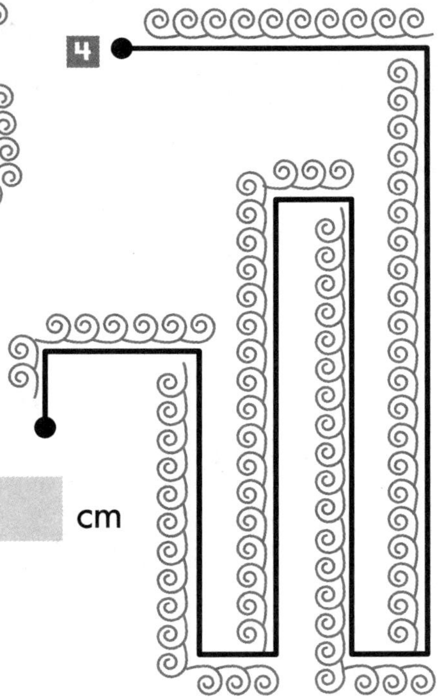

___ cm

Glissade	cm	mm
1		
2		
3		
4		

Établir la relation entre le centimètre et le millimètre. [Mesure]

a b c d e f g h i j k l m n o p q r s t u v w x y z

Coordonnée

Les coordonnées d'un point sont un couple de symboles (chiffre, lettre) qui permettent de situer ce point dans le plan.

Exemple : Les coordonnées du point sont (C, 2).

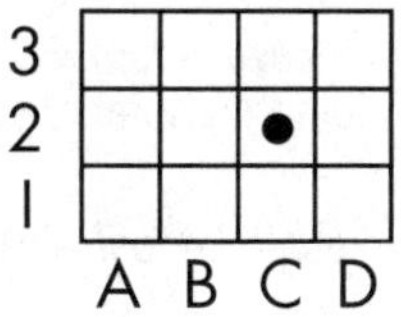

http://webcec.ca/n39/

Jasmin a dessiné une décoration pour la suspendre dans le sapin de Noël. Observe bien le plan, puis réponds aux questions.

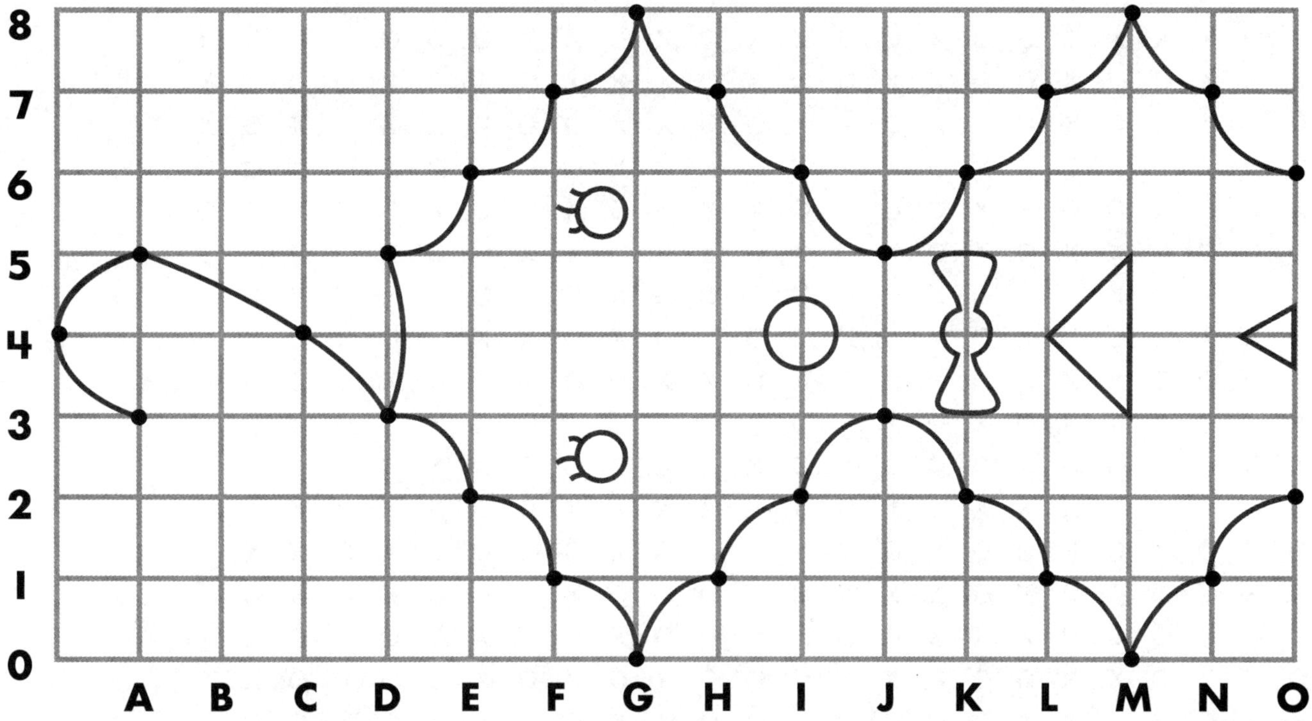

1 Quelles sont les coordonnées du centre de la bouche ? ____________________

2 Que trouve-t-on au point (K, 4) ? ____________________

3 Quelles sont les coordonnées de l'extrémité du crochet ? ____________________

4 La tête est formée par les points dont les coordonnées sont (J, 3), (I, 2), (H, 1), (G, 0) (F, 1). Nomme les autres coordonnées.

____

5 Quelle est la figure géométrique formée par les points dont les coordonnées sont (M, 3), (L, 4), (M, 5) ? ____________________

6 Colorie la décoration de Noël.

Décomposition d'un nombre

La décomposition d'un nombre est la représentation d'un nombre sous la forme d'une somme de termes ou d'un produit de facteurs.

Exemple : Le nombre 12 425 peut, entre autres, être décomposé ainsi :

12 425 = 10 000 + 2000 + 400 + 20 + 5

$12\,425 = 1 \times 10^4 + 2 \times 10^3 + 4 \times 10^2 + 2 \times 10^1 + 5 \times 10^0$

12 425 = 25 × 497

http://webcec.ca/a99/

Aujourd'hui, c'est la rentrée. Tous les élèves sont réunis dans la cour de l'école. Ils sont tous en rangs.

x o x x x o o o x o o x x o x o x x o o o o o x x

x o x o o x o o x x o o x o x x x o o o x o o x x

o o x x o x o x x o x x o o x x o o x x x o x o x

o x x x x o o x o x x o o x o x o o x o x o x o o

x x o x o o x x o o x o x x x o x o o x o x x o o

o o o o x x o x o x o x o x x o x x o o o o x x o

x o x o x o x o x o o x o o o x o x o o x x o x

x x x o o x x o x x x x o x o x o x x x o x o x

o x o o x x o o x o o x o x x o o x x x x o o o

x x o x x x o x o x x o x o o o x o o x o o x o

x o o x o o x o o o x o x x x o o o x x x x o o

x o x o o x x x o x o x x x x x x o o x x x x o

o o o x o x o o x o o x o x o x o x o o x o x x

o x x x o o x o x x x o x o o o x x o o x o x o

o o x o o o x x x o o x x o o x o x x o o o o x

o o x o x x o o o x x o o o x o x o x o o x o x

x x o x o x x x o o o x o o x x o o x x o x o o

x x o x x o o x o x o o x o o x x x o x o x o x

o x o o x o x x x o x o o x o o o x x x o x x x

o x o o x o x o o x x o x x o o x o x o x x x o

x Garçon
o Fille

1 Combien y a-t-il d'élèves dans la cour de l'école ? ____________

Comment as-tu procédé pour faire ce calcul ?

____

2 Décompose le nombre total d'élèves en centaines, dizaines et unités.

____

3 Combien de groupements de 10 élèves peut-on faire ? ____________

4 Y a-t-il plus, moins ou autant de garçons que de filles ? Explique ta réponse.

____

Effectuer par écrit des opérations sur des nombres naturels. [Opérations]

Décomposition d'un nombre

La décomposition d'un nombre est la représentation d'un nombre sous la forme d'une somme de termes ou d'un produit de facteurs.

Exemple : Le nombre 12 425 peut, entre autres, être décomposé ainsi :

$12\,425 = 10\,000 + 2000 + 400 + 20 + 5$

$12\,425 = 1 \times 10^4 + 2 \times 10^3 + 4 \times 10^2 + 2 \times 10^1 + 5 \times 10^0$

$12\,425 = 25 \times 497$

http://webcec.ca/a99/

Décompose chaque nombre de deux façons différentes et dessine le nombre de billes vis-à-vis la valeur de position correspondante. Le premier exercice a été fait pour toi.

	Nombre	Valeur de position					Décomposition A	Décomposition B
		dm	m	c	d	u		
1	23 621	••	•••	••••••	••	•	20 000 + 3 000 + 600 + 20 + 1	23 000 + 600 + 10 + 10 + 1
2	45 067	••••	•••••		••••••	•••••••		
3	19 649	•	•••••••••	••••••	••••	•••••••••		
4	78 235	•••••••	••••••••	••	•••	•••••		
5	46 156	••••	••••••	•	•••••	••••••		
6	65 372	••••••	•••••	•••	•••••••	••		
7	72 411	•••••••	••	••••	•	•		
8	93 728	•••••••••	•••	•••••••	••	••••••••		
9	12 563	•	••	•••••	••••••	•••		
10	59 884	•••••	•••••••••	••••••••	••••••••	••••		
11	37 517	•••	•••••••	•••••	•	•••••••		
12	89 102	••••••••	•••••••••	•		••		
13	42 445	••••	••	••••	••••	•••••		

Décomposition d'un nombre

La décomposition d'un nombre est la représentation d'un nombre sous la forme d'une somme de termes ou d'un produit de facteurs.

Exemple : Le nombre 12 425 peut, entre autres, être décomposé ainsi :

$12\,425 = 10\,000 + 2000 + 400 + 20 + 5$

$12\,425 = 1 \times 10^4 + 2 \times 10^3 + 4 \times 10^2 + 2 \times 10^1 + 5 \times 10^0$

$12\,425 = 25 \times 497$

http://webcec.ca/a99/

1 Écris dans la flèche le total des points pour chaque cible.

A
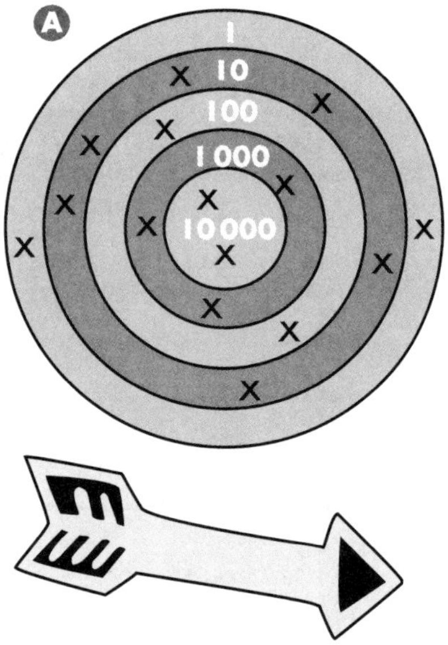

B
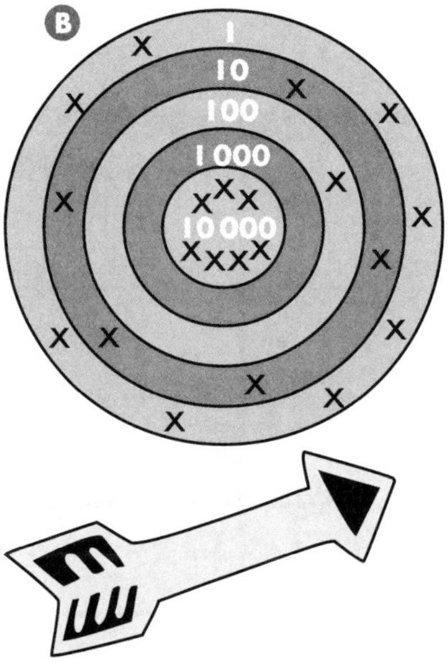

C
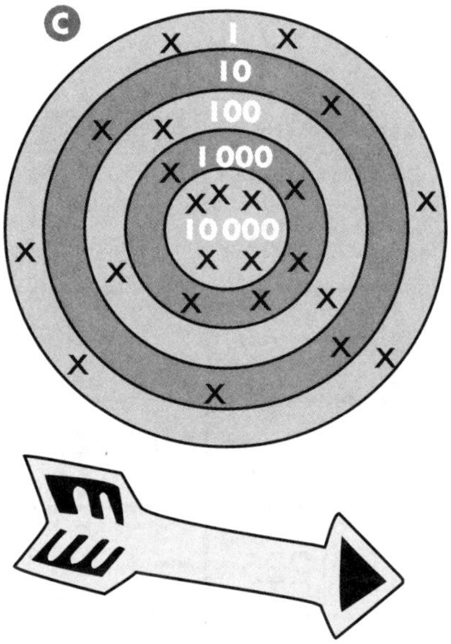

2 Le nombre dans la flèche indique le total des points obtenus. Trace des X aux endroits où les flèches auraient pu atteindre la cible.

A
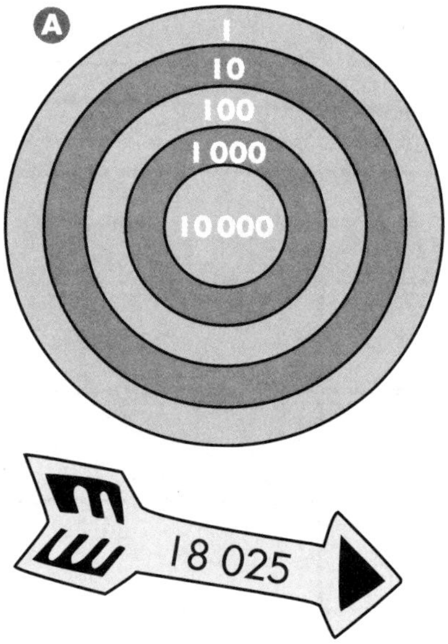

B
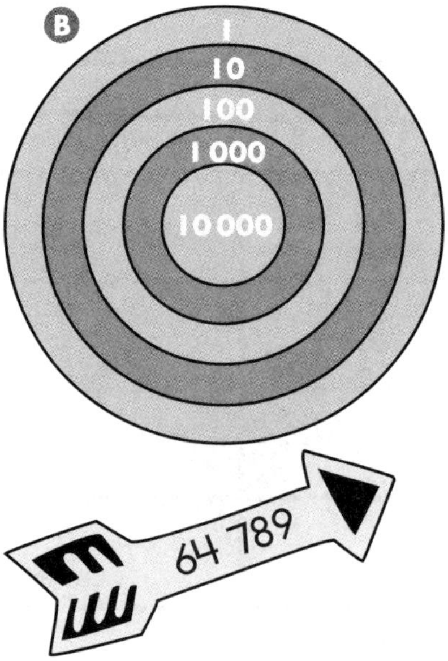

C
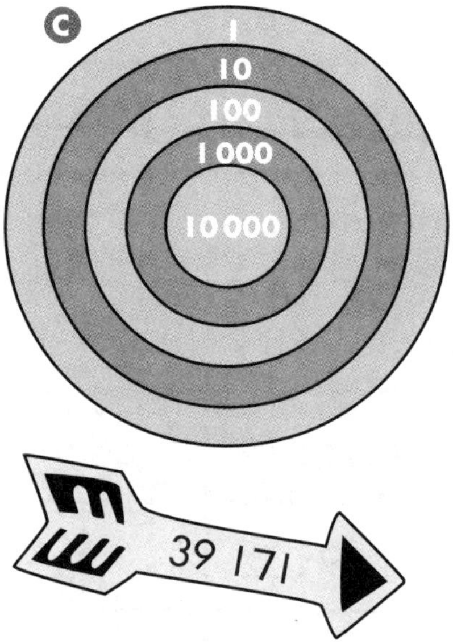

D Décomposition d'un nombre en facteurs premiers

Décomposition d'un nombre en facteurs premiers

La décomposition d'un nombre en facteurs premiers est l'écriture d'un nombre entier sous la forme d'un produit de facteurs qui sont des nombres premiers. Pour décomposer un nombre en facteurs premiers, on peut utiliser un arbre de facteurs.

Exemple :

42 → (2) × 21

21 → (7) × (3)

Donc, $42 = 2 \times 3 \times 7$.

http://webcec.ca/k77/

Voici des arbres de facteurs. Complète-les.

A
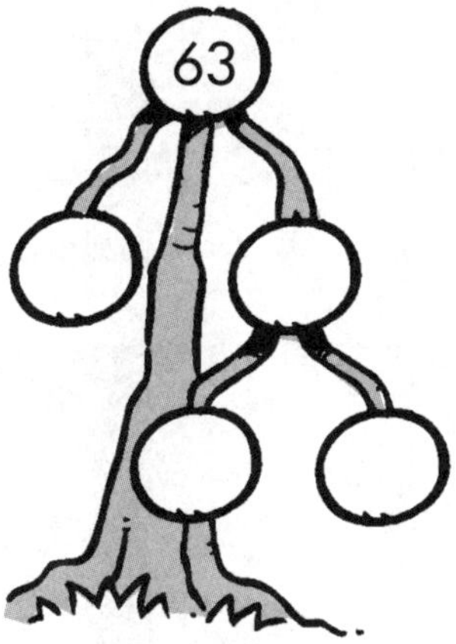

B

C
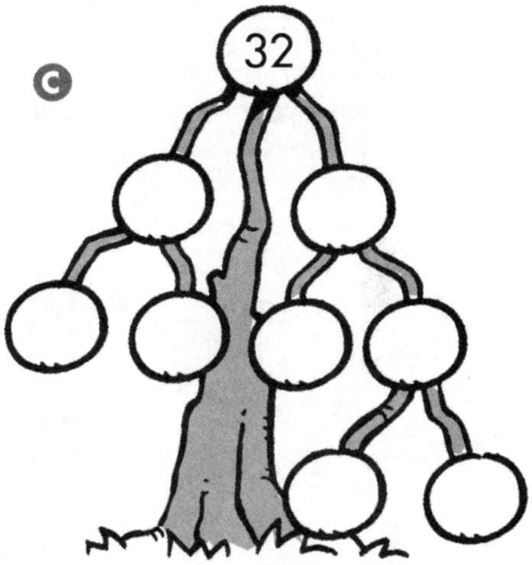

D

E
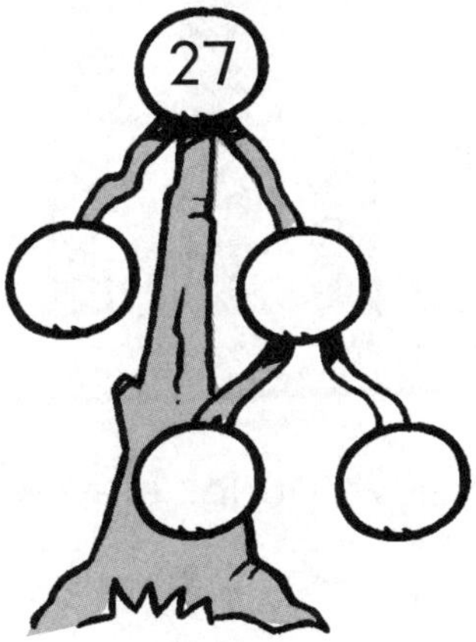

F
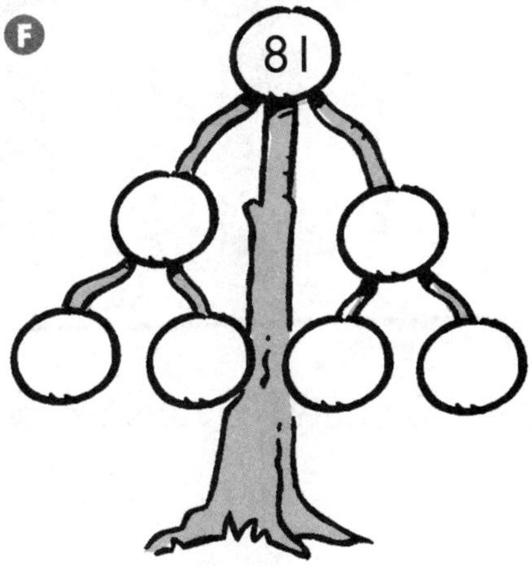

G
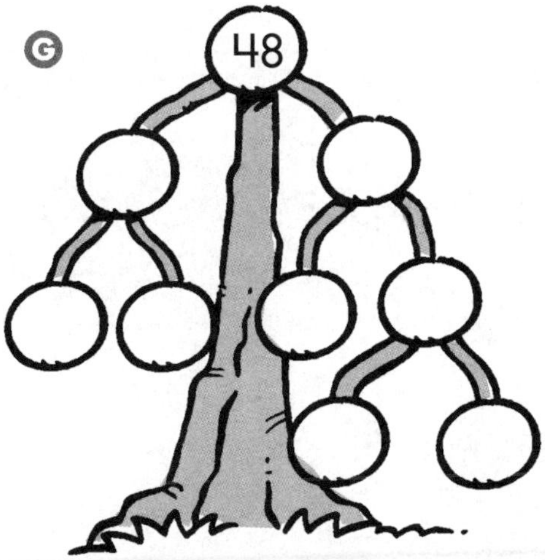

H
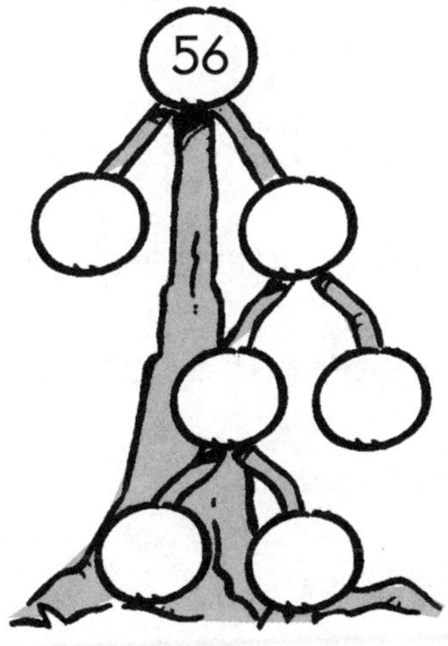

I

Trouver les facteurs d'un nombre à l'aide d'un arbre de décomposition. [Opérations]

D Diagramme à bandes

Diagramme à bandes

Dans un diagramme à bandes, les données sont représentées à l'aide de bandes verticales ou horizontales.

http://webcec.ca/n35/

Voici les points obtenus par des élèves aux 12 épreuves des olympiades mathématiques.

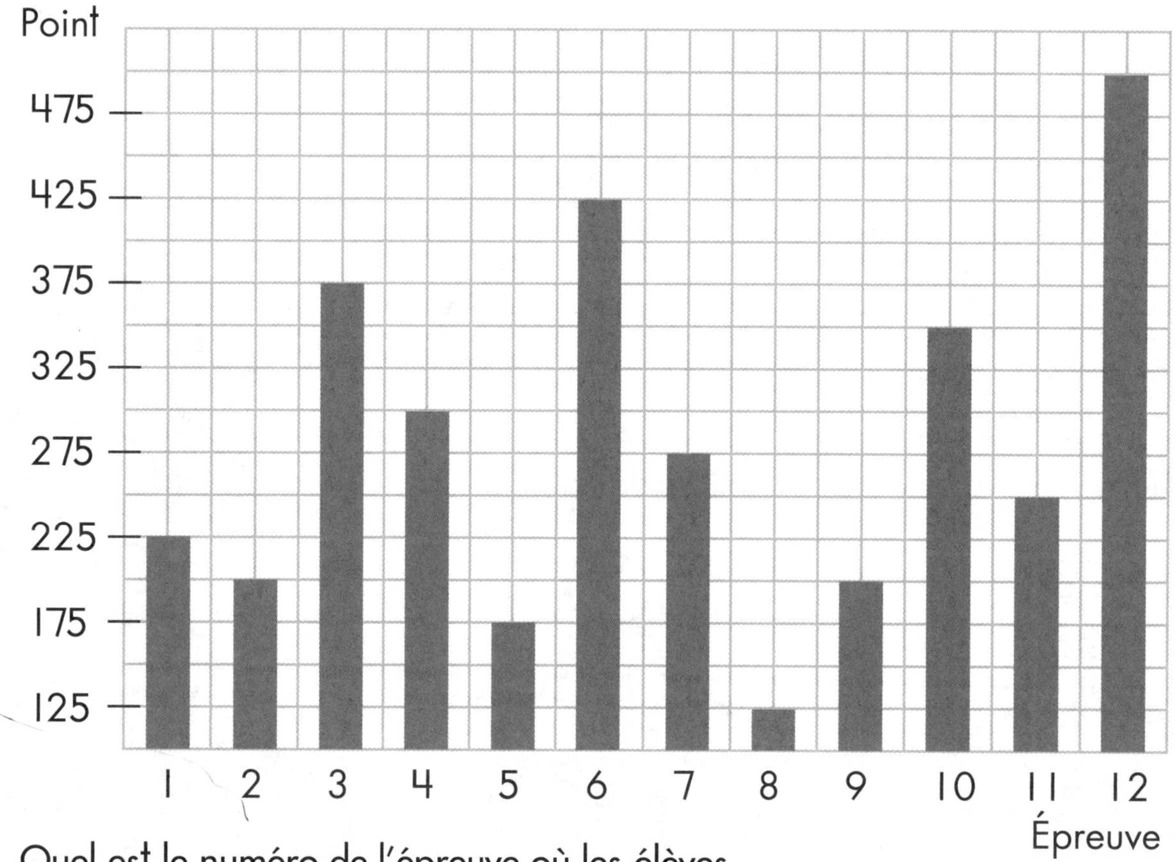

1 Quel est le numéro de l'épreuve où les élèves ont récolté le plus de points?

2 Combien de points ont-ils récoltés?

3 Quelle épreuve ont-ils le moins bien réussie?

4 Quelles sont les épreuves où le nombre de points est identique?

5 Combien de points ont été obtenus à l'épreuve numéro 10?

6 Combien de points ont été accumulés dans les cinq premières épreuves?

Résoudre des problèmes nécessitant la lecture de tableaux et de graphiques. [Statistique]

D Diviser (par un nombre à 1 chiffre)

Diviser (par un nombre à 1 chiffre)

Exemple :

```
 8276 |4
−8    |2069
 027
− 24
   36
−  36
    0
```

http://webcec.ca/g23/

Effectue les divisions inscrites sur ces blocs de glace.

- A) 448 ÷ 8
- B) 261 ÷ 3
- C) 801 ÷ 9
- D) 372 ÷ 4
- E) 784 ÷ 7
- F) 777 ÷ 7
- G) 476 ÷ 7
- H) 384 ÷ 3
- I) 365 ÷ 5
- J) 822 ÷ 6
- K) 306 ÷ 9
- L) 492 ÷ 4
- M) 539 ÷ 7
- N) 680 ÷ 8
- O) 572 ÷ 4
- P) 900 ÷ 3
- Q) 420 ÷ 3
- R) 405 ÷ 9
- S) 584 ÷ 8
- T) 833 ÷ 7

Trouver le quotient d'un nombre inférieur à 1000 par un nombre inférieur à 10. [Opérations]

a b c d e f g h i j k l m n o p q r s t u v w x y z

Diviser (par un nombre à 1 chiffre)

Exemple :

```
 8276 |4
– 8     2069
  027
– 24
   36
–  36
    0
```

http://webcec.ca/g23/

Calcule les quotients.

- **A** 64 ÷ 4
- **B** 81 ÷ 3
- **C** 88 ÷ 4
- **D** 57 ÷ 3
- **E** 92 ÷ 4
- **F** 90 ÷ 5
- **G** 56 ÷ 2
- **H** 96 ÷ 4
- **I** 90 ÷ 6
- **J** 63 ÷ 3
- **K** 85 ÷ 5
- **L** 75 ÷ 3
- **M** 80 ÷ 4
- **N** 92 ÷ 2
- **O** 46 ÷ 2
- **P** 78 ÷ 3
- **Q** 66 ÷ 3
- **R** 94 ÷ 2
- **S** 84 ÷ 3
- **T** 90 ÷ 3

Trouver le quotient d'un nombre inférieur à 100 par un nombre inférieur à 10. [Opérations]

Division

La division est une opération mathématique qui donne, à partir de deux nombres (le dividende et le diviseur), un troisième nombre appelé *quotient.*

Exemple : 132 ÷ 11 = 12
(Dividende : 132 ; Diviseur : 11 ; Quotient : 12)

http://webcec.ca/g23/

Parfois, les familles sont très nombreuses quand tous les membres sont réunis. Observe chaque famille. Écris deux multiplications et deux divisions en lien avec chaque illustration.

1 Famille Lemay

2 Famille Desforges

3 Famille Nguyen

4 Famille Khedir

5 Famille Forget

6 Famille Thibert

7 Famille Sangovir

8 Famille Pelletier

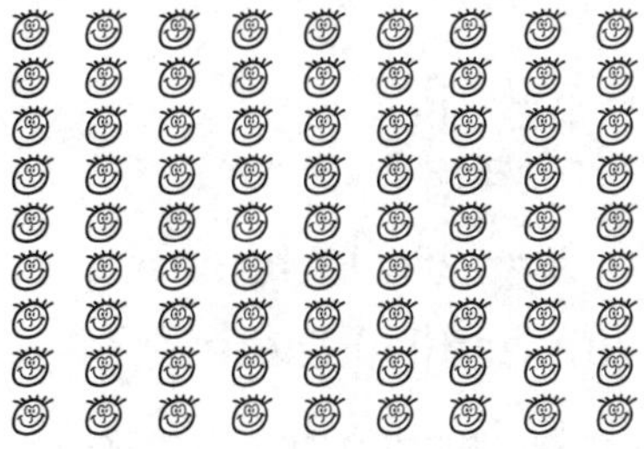

9 Famille Samar

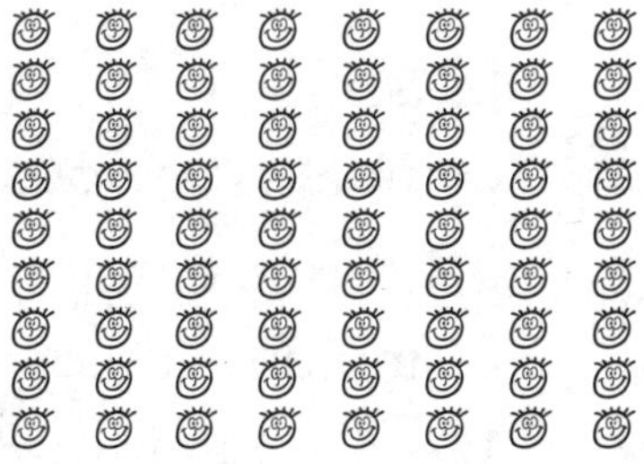

a b c d e f g h i j k l m n o p q r s t u v w x y z

Dixième

Dixième

Un dixième est une partie d'une unité divisée en 10 parties égales et qui peut s'écrire $\frac{1}{10}$ ou 0,1.

Exemple : Unité

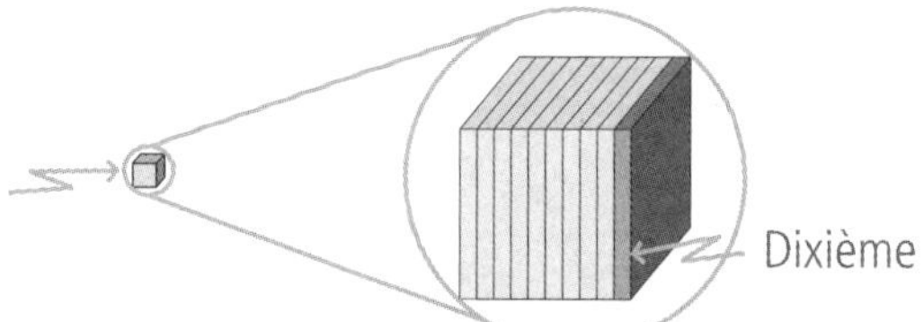

http://webcec.ca/v76/

Voici la grande feuille d'autocollants de Thomas.

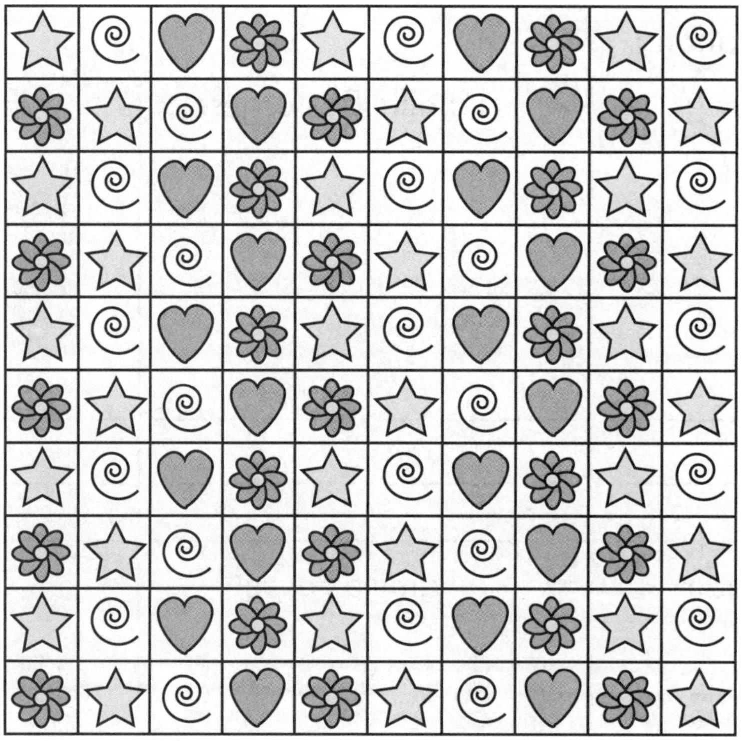

1 Combien y a-t-il d'autocollants sur cette feuille ? ____________

Comment as-tu procédé pour trouver ce nombre ? ____________

2 Une amie de Thomas lui demande d'échanger les $\frac{5}{10}$ de la feuille. Combien d'autocollants voudrait-elle échanger ? ____________

3 Jonathan veut échanger le $\frac{1}{4}$ de la feuille. Combien d'autocollants veut-il échanger ? ____________

4 Si Sonia veut les $\frac{50}{100}$ de la feuille, combien d'autocollants veut-elle ? ____________

5 Stéphane aimerait avoir les $\frac{3}{4}$ de la feuille. Combien d'autocollants aimerait-il avoir ? ____________

6 Thomas peut-il satisfaire les demandes de tous ses amis ? ____________

Pourquoi ? ______________________________

 Associer une fraction à une partie d'un objet. [Numération]

D Dizaine de mille

Dizaine de mille

Une dizaine de mille est un groupe de dix mille (10 000) unités.

http://webcec.ca/t73/

Effectue les tâches indiquées.

1 Identifie la valeur de position du chiffre souligné dans le nombre.

- **A** 7<u>8</u> 649 →
- **B** 41 0<u>2</u>1 →
- **C** <u>5</u>6 534 →
- **D** 63 <u>1</u>97 →
- **E** <u>7</u>2 756 →
- **F** 90 32<u>8</u> →
- **G** <u>3</u>7 263 →
- **H** 4<u>9</u> 539 →
- **I** 27 <u>6</u>72 →
- **J** <u>8</u>4 455 →

2 Arrondis le nombre à la dizaine de mille près.

- **A** 69 536 → 70 000
- **B** 41 428 → 40 000
- **C** 55 664 → 60 000
- **D** 88 321 → 90 000
- **E** 26 118 → 30 000
- **F** 60 986 → 60 000
- **G** 32 625 → 30 000
- **H** 74 331 → 70 000
- **I** 12 768 → 10 000
- **J** 63 147 → 60 000

2 Décompose les nombres suivants.

- **A** 4 679 →
- **B** 18 526 →
- **C** 83 231 →
- **D** 78 513 →
- **E** 26 128 →
- **F** 39 495 →

E En face de

En face de

Exemple : Noémie est en face de Louka.

Voici le plan de la classe de Frédéric :

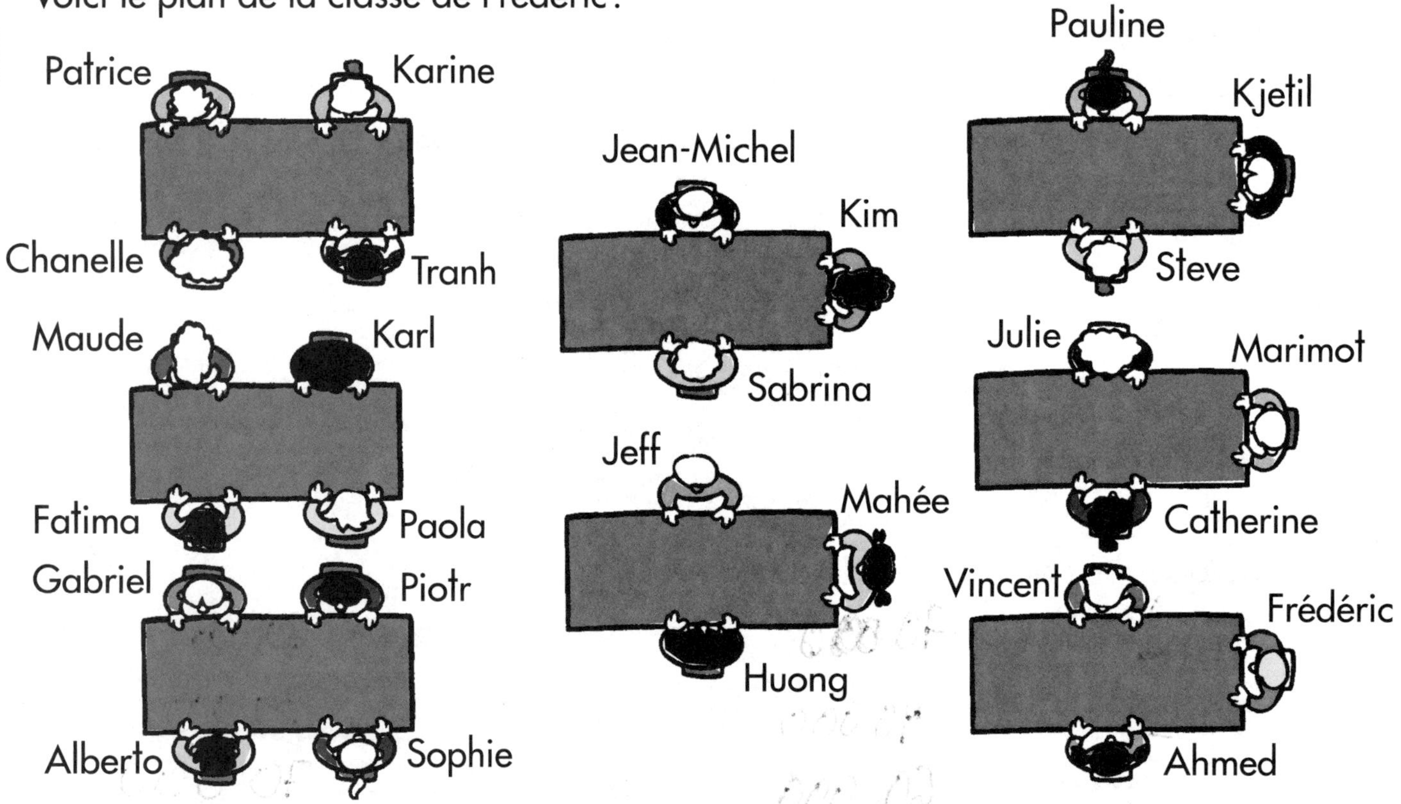

1. Combien y a-t-il d'élèves dans la classe de Frédéric ? ______________
2. Si l'enseignante formait des groupes contenant le même nombre d'élèves chacun, combien de groupes y aurait-il ? ______________
3. Qui est assis en diagonale de Gabriel ? ______________
4. Qui est assis en face de Jean-Michel ? ______________
5. Si chaque élève dispose d'une chaise, combien compte-t-on de pattes de chaises dans la classe ? ______________
6. Les élèves assis face à face partagent le même casier. Quels élèves auront leur propre casier ?

   ____
7. Si chaque élève a deux crayons à mine au début de l'année, combien y a-t-il de crayons à mine dans la classe ? ______________

 Effectuer par écrit des opérations sur des nombres naturels. [Opérations]

Estimer
Estimer une mesure, c'est l'évaluer sans l'aide d'un outil précis.
Exemple : Estimer la longueur d'un crayon sans utiliser une règle.

Voici quelques objets que tu connais bien.
Estime et mesure, en millimètres, la longueur de chacun.

A

Estimation : ____ mm Mesure : ____ mm

B

Estimation : ____ mm

Mesure : ____ mm

C

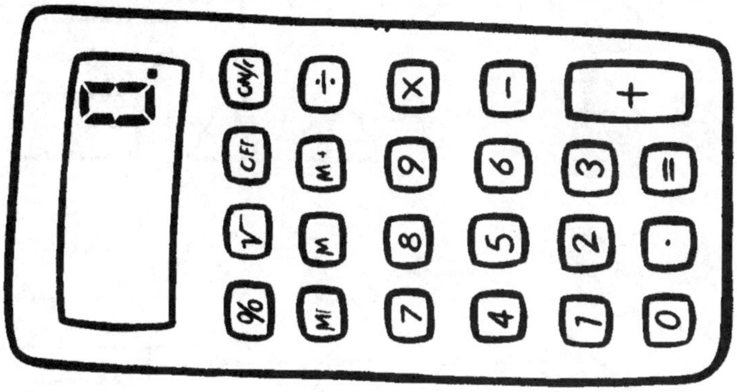

Estimation : ____ mm

Mesure : ____ mm

D

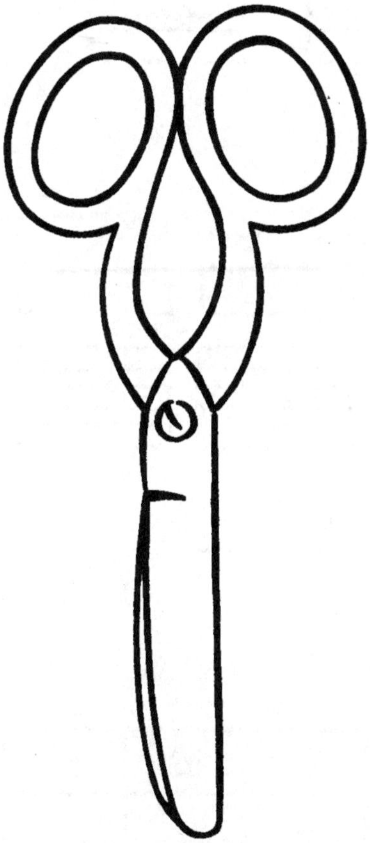

Estimation : ____ mm Mesure : ____ mm

E

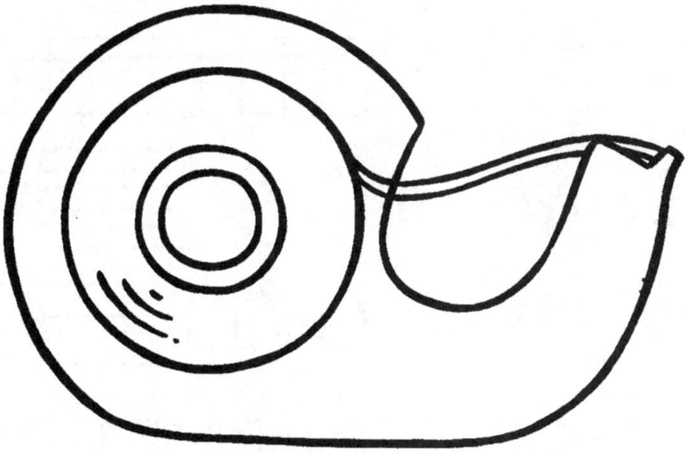

Estimation : ____ mm

Mesure : ____ mm

Face

Une face est une surface plane ou courbe délimitée par des arêtes.

Exemple : Le cube a 6 faces.

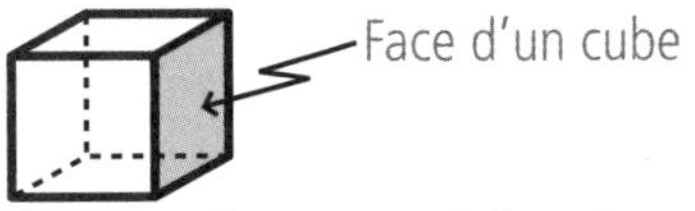

http://webcec.ca/p38/

Associe chaque solide à l'ensemble des figures qui composent sa surface. Écris tes réponses dans le tableau.

Solide	Ensemble des figures
1 	A 
2 	B 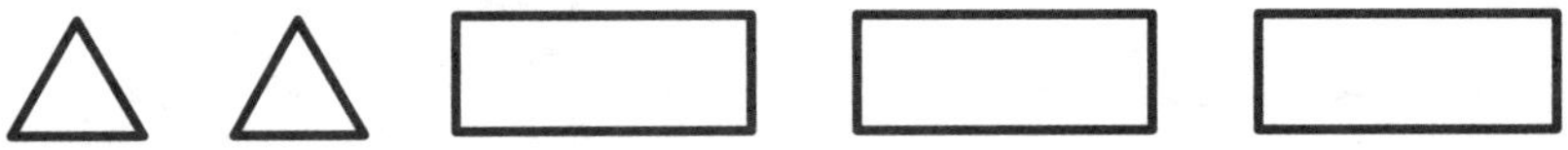
3 	C 
4 	D 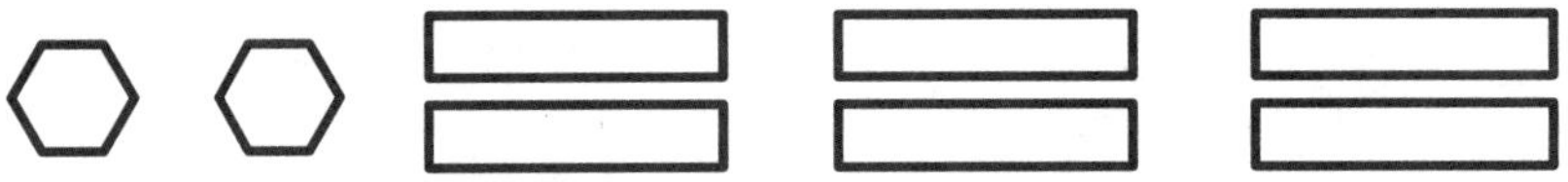
5 	E 
6 	F 
7 	G 
8 	H 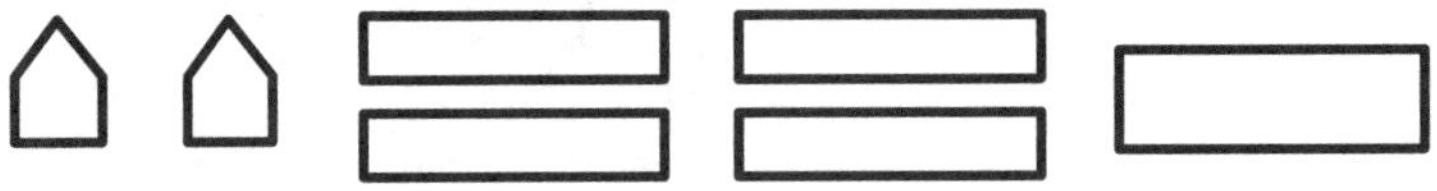
9 	I 

Solide	1	2	3	4	5	6	7	8	9
Ensemble des figures									

Trouver un ou plusieurs arrangements de figures planes permettant de construire un solide. [Géométrie]

Factoriser

Factoriser consiste à représenter un nombre sous la forme d'un produit de facteurs.

Exemple: Dans $42 = 7 \times 6$, les chiffres 7 et 6 sont des facteurs et 42 est le nombre qui a été factorisé.

http://webcec.ca/k77/

Trouve les facteurs des nombres suivants et écris-les dans les pétales.

F Fois plus / fois moins

Fois plus / fois moins

« Fois plus » et « fois moins » sont des expressions utilisées pour exprimer le lien (multiplication ou division) entre deux valeurs.

Exemples :

1) Maryse a 3 fois plus de billes que Grégoire. Si Grégoire a 15 billes, alors Maryse a 45 billes.
   $15 \times 3 = 45$
2) Maryse a 2 fois moins de billes que Grégoire. Si Grégoire a 38 billes, alors Maryse a 19 billes.
   $38 \div 2 = 19$

http://webcec.ca/e89/

Résous les problèmes suivants.
Pour te mériter la médaille de champion ou championne, tu dois réussir 4 problèmes sur 5. Bonne chance !

1 Il y a 2 bourgeons par branche dans un petit arbre.
Combien y a-t-il de bourgeons s'il y a 25 branches dans cet arbre ?

Réponse :

2 Pour soulager son mal de gorge, ma mère se prépare une boisson chaude. Elle met 2 cuillerées de miel dans 10 millilitres d'eau. Si elle se prépare un grand verre et met 6 cuillerées de miel, combien d'eau mettra-t-elle dans le verre ?

Réponse :

3 Dans un magasin, il y a 100 boîtes de conserve sur la cinquième étagère, 75 boîtes sur la quatrième étagère, 50 boîtes sur la troisième étagère, et ainsi de suite. Combien y a-t-il de boîtes de conserve en tout sur les 5 étagères ?

Réponse :

4 Mon père a trois fois l'âge de ma sœur Sophie et deux fois l'âge de mon frère Olivier. Si j'ai 9 ans et que mon père a 30 ans, quel âge ont Sophie et Olivier ?

Réponse : Sophie :

Olivier :

5 Christina a des autocollants. Si elle les sépare en 2 paquets égaux, il n'en reste aucun. Si elle les sépare en 3 paquets égaux, il en reste 1. Si elle les partage également entre 4 amis, il en reste 2.
Combien a-t-elle d'autocollants ?

Réponse :

Fraction

Une fraction est une expression qui sert à représenter une partie d'un tout.

Exemples : 1)

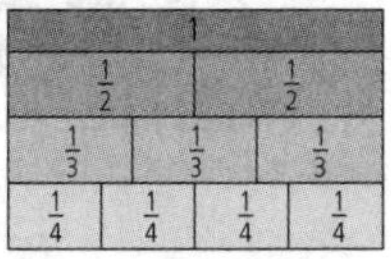

2) Les étoiles encerclées représentent les $\frac{2}{5}$ de l'ensemble des étoiles.

http://webcec.ca/d82/

Écris la fraction représentée par la partie colorée de la figure.

1

2

3

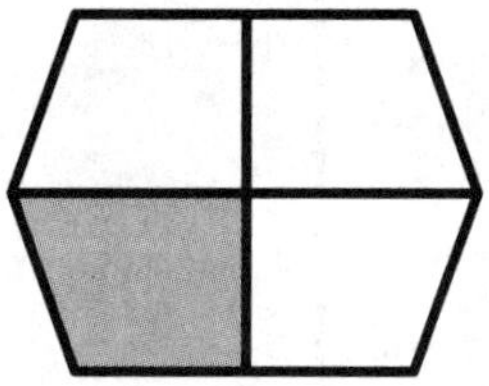

4

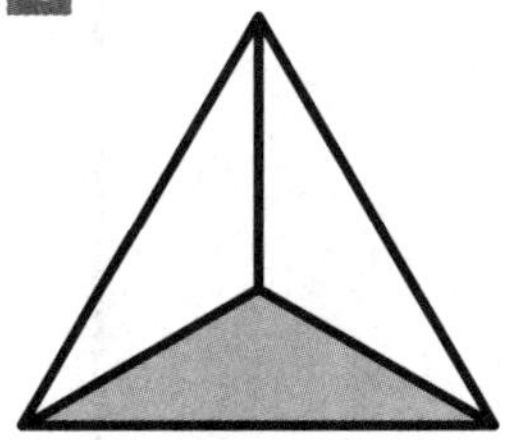

5

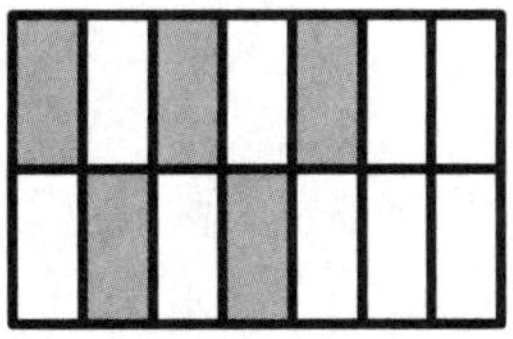

6

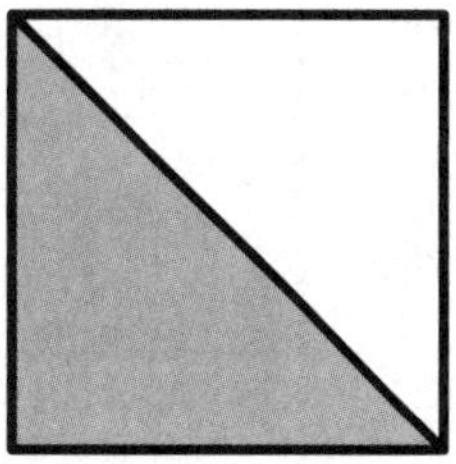

7

8

9

10

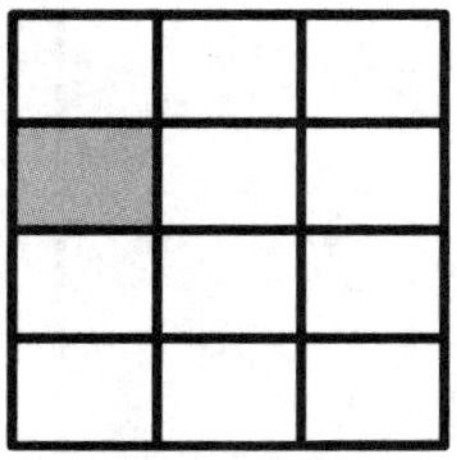

11

12

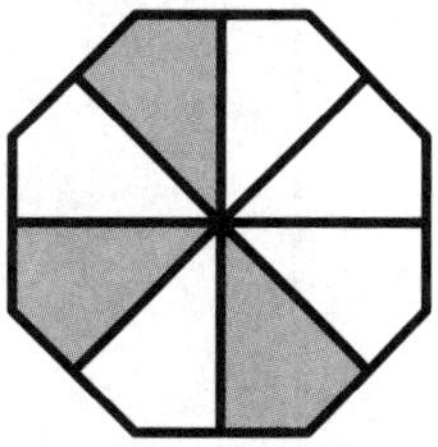

Fraction

Une fraction est une expression qui sert à représenter une partie d'un tout.

Exemples : 1)

1											
$\frac{1}{2}$						$\frac{1}{2}$					
$\frac{1}{3}$				$\frac{1}{3}$				$\frac{1}{3}$			
$\frac{1}{4}$			$\frac{1}{4}$			$\frac{1}{4}$			$\frac{1}{4}$		

2) Les étoiles encerclées représentent les $\frac{2}{5}$ de l'ensemble des étoiles.

http://webcec.ca/d82/

Écris la fraction que représentent le ou les cœurs brisés dans chaque case.

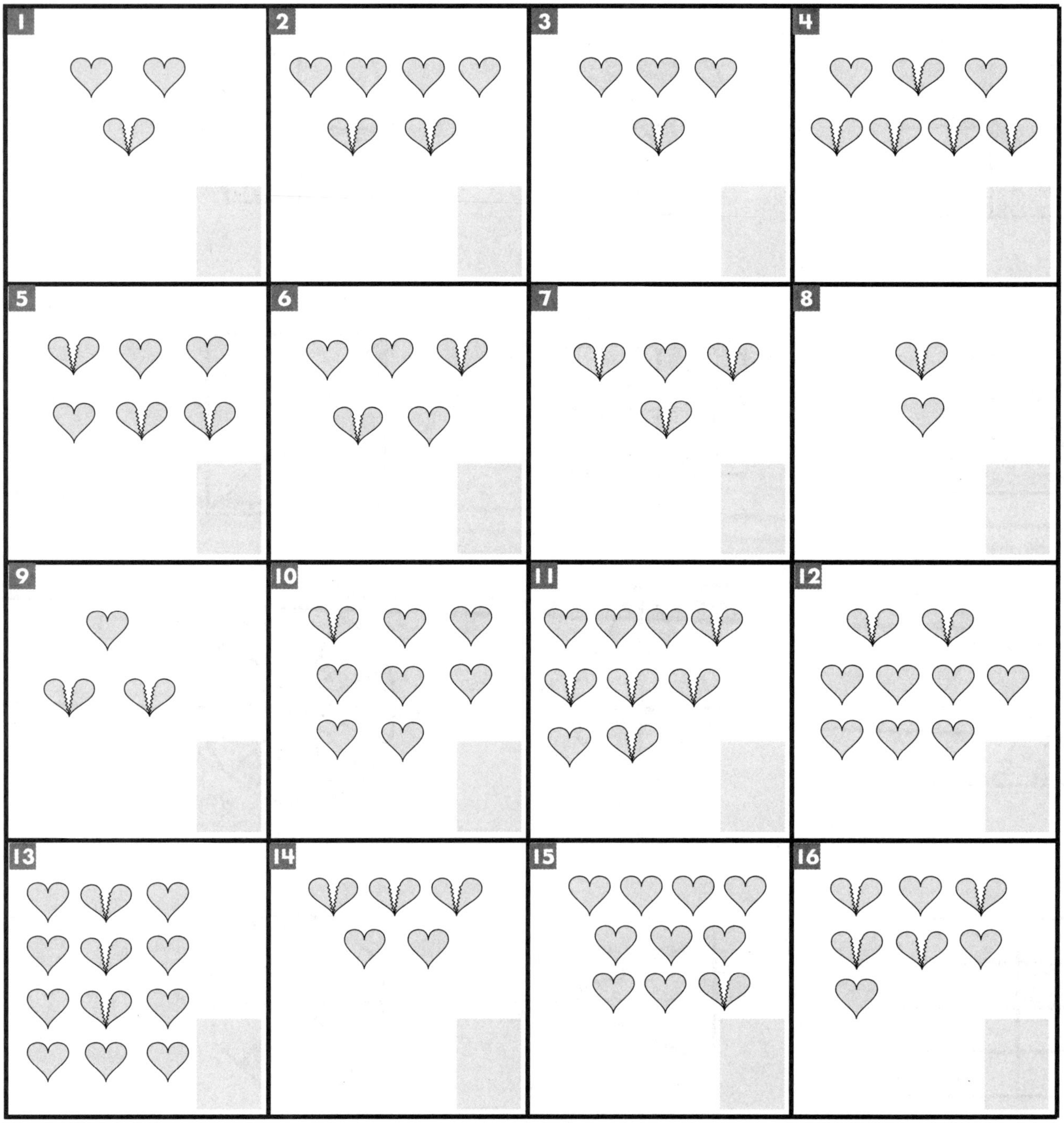

Associer une fraction à une partie d'un objet ou à une partie d'un ensemble d'objets. [Numération]

F Fractions équivalentes

Fractions équivalentes

Des fractions équivalentes sont des fractions qui représentent le même nombre.

Exemple : $\frac{2}{3}$ et $\frac{4}{6}$ sont des fractions équivalentes.

$$\frac{2}{3} \underset{\times 2}{\overset{\times 2}{=}} \frac{4}{6}$$

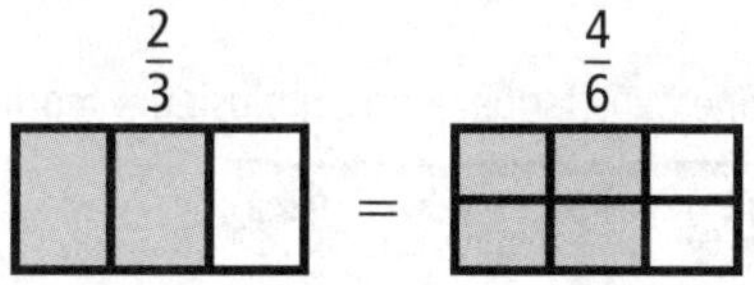

http://webcec.ca/u83/

1 Entoure les fractions de l'ensemble qui sont plus grandes que la fraction indiquée.

A $\frac{1}{4}$: $\frac{1}{2}$, $\frac{7}{8}$, $\frac{1}{3}$, $\frac{2}{5}$, $\frac{1}{25}$, $\frac{5}{12}$

B $\frac{7}{9}$: $\frac{1}{2}$, $\frac{2}{3}$, $\frac{3}{15}$, $\frac{7}{3}$, $\frac{2}{4}$, $\frac{5}{6}$

C $\frac{1}{5}$: $\frac{2}{6}$, $\frac{3}{7}$, $\frac{1}{8}$, $\frac{4}{10}$, $\frac{1}{9}$, $\frac{3}{18}$

D $\frac{4}{9}$: $\frac{2}{6}$, $\frac{5}{9}$, $\frac{3}{5}$, $\frac{2}{9}$, $\frac{4}{8}$, $\frac{1}{3}$

E $\frac{1}{7}$: $\frac{3}{7}$, $\frac{1}{10}$, $\frac{1}{17}$, $\frac{1}{3}$, $\frac{3}{9}$, $\frac{2}{15}$

F $\frac{3}{10}$: $\frac{1}{2}$, $\frac{5}{9}$, $\frac{2}{3}$, $\frac{7}{8}$, $\frac{4}{12}$, $\frac{2}{9}$

2 Écris dans le cercle le symbole qui convient : <, > ou =.

A $\frac{1}{7}$ ◯ $\frac{2}{9}$	**F** $\frac{2}{3}$ ◯ $\frac{4}{2}$	**K** $\frac{7}{3}$ ◯ $\frac{6}{9}$	**P** $\frac{4}{14}$ ◯ $\frac{2}{9}$
B $\frac{4}{6}$ ◯ $\frac{2}{3}$	**G** $\frac{3}{15}$ ◯ $\frac{2}{10}$	**L** $\frac{4}{12}$ ◯ $\frac{3}{8}$	**Q** $\frac{1}{3}$ ◯ $\frac{2}{4}$
C $\frac{7}{8}$ ◯ $\frac{3}{15}$	**H** $\frac{1}{9}$ ◯ $\frac{1}{4}$	**M** $\frac{1}{11}$ ◯ $\frac{3}{15}$	**R** $\frac{3}{50}$ ◯ $\frac{8}{50}$
D $\frac{9}{6}$ ◯ $\frac{6}{4}$	**I** $\frac{3}{8}$ ◯ $\frac{6}{9}$	**N** $\frac{6}{18}$ ◯ $\frac{1}{3}$	**S** $\frac{7}{17}$ ◯ $\frac{6}{17}$
E $\frac{3}{7}$ ◯ $\frac{2}{8}$	**J** $\frac{2}{20}$ ◯ $\frac{2}{30}$	**O** $\frac{2}{13}$ ◯ $\frac{1}{6}$	**T** $\frac{2}{42}$ ◯ $\frac{1}{21}$

a b c d e f g h i j k l m n o p q r s t u v w x y z

Frise

Une frise est une bande continue dans laquelle un ou plusieurs motifs se répètent en suivant une régularité.

Exemple :

Voivi un napperon de Noël.
Complète-le en respectant le motif et ajoute de la couleur.

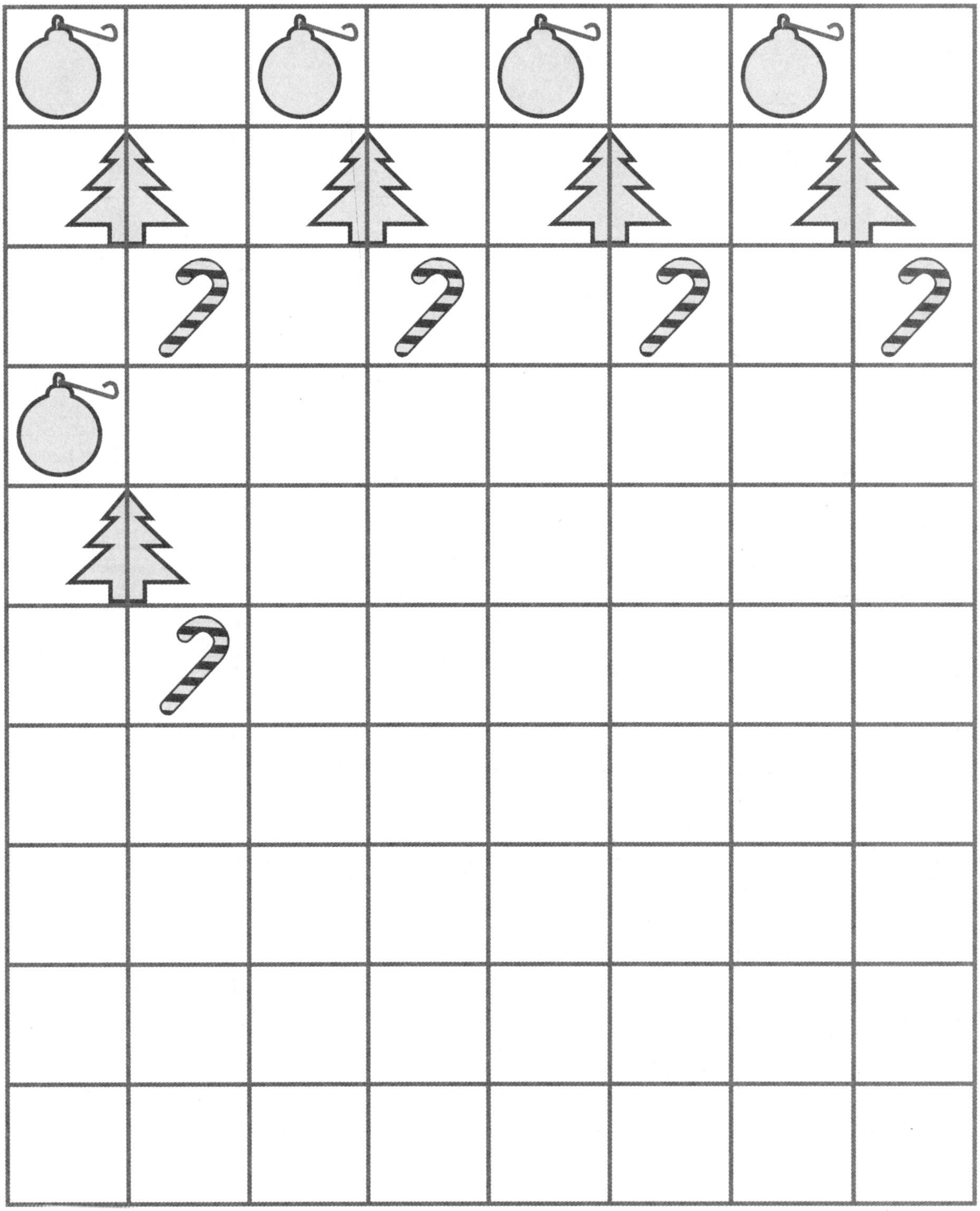

F Frise

Frise

Une frise est une bande continue dans laquelle un ou plusieurs motifs se répètent en suivant une régularité.

Exemple : 

Complète les frises suivantes :

A

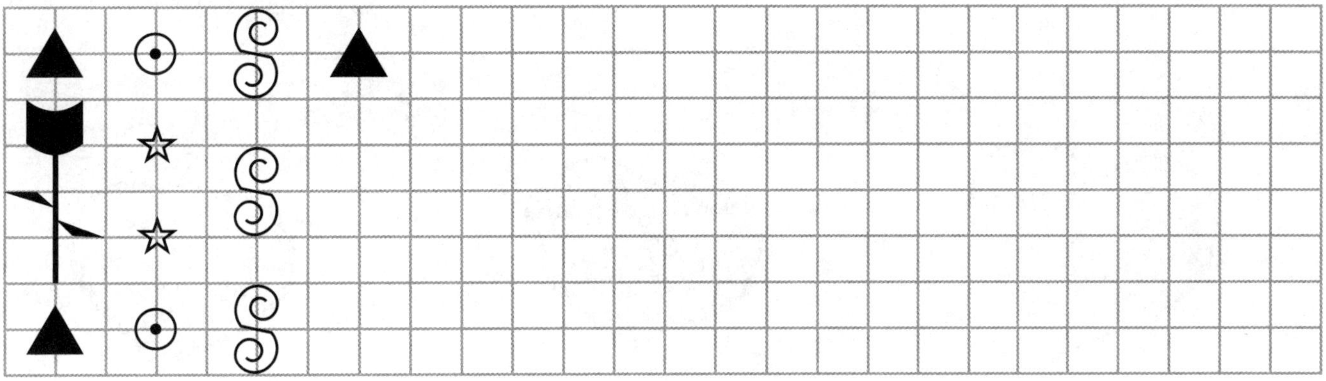

B

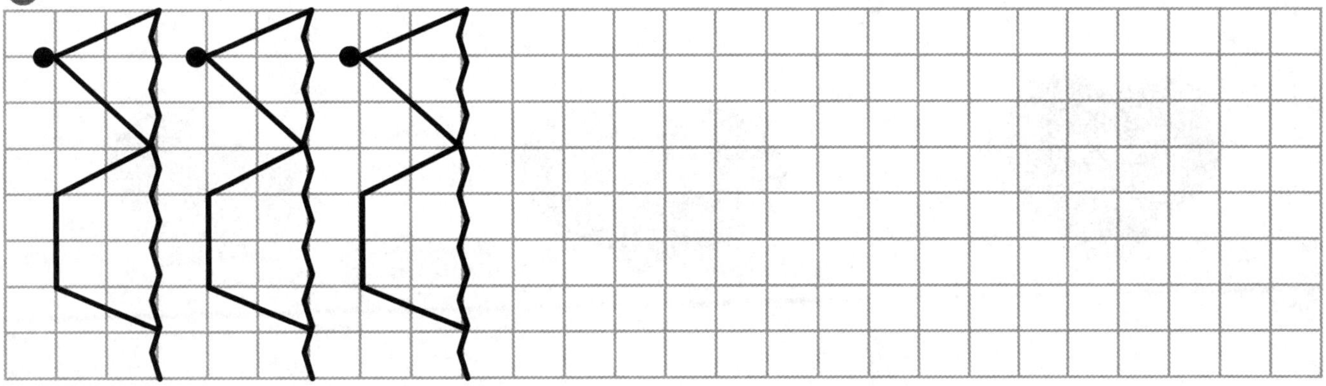

C

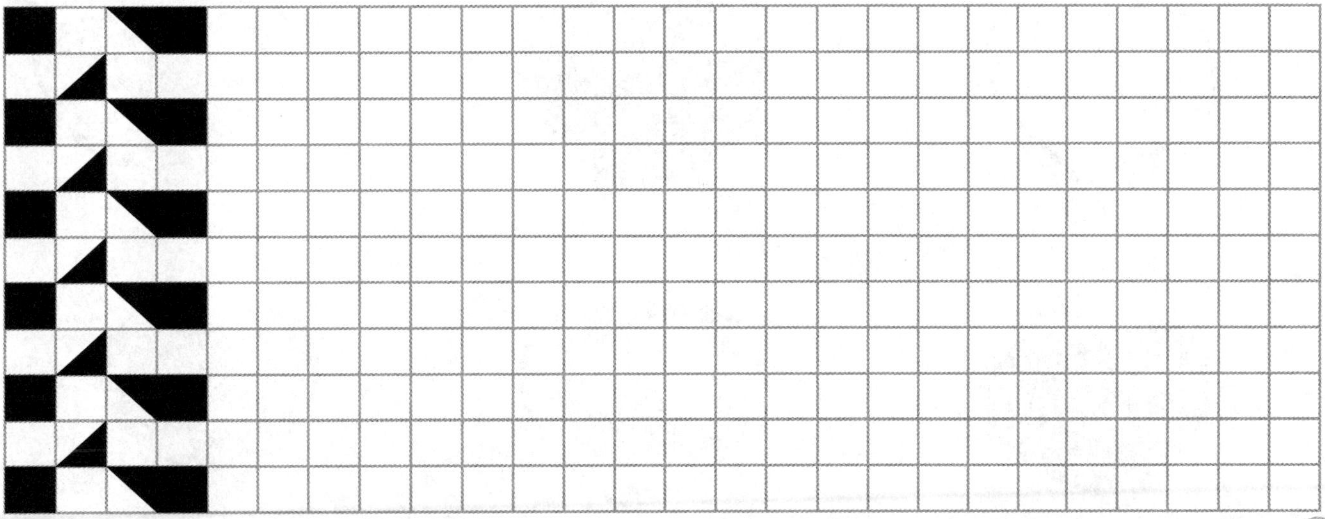

Isométrique

Une figure géométrique est isométrique à une autre figure géométrique si elles ont la même forme et les mêmes dimensions.

Exemple : Les deux rectangles ci-contre sont isométriques : ils ont la même forme et les mêmes dimensions.

Entoure tous les cœurs qui sont isométriques au cœur modèle.

A

B

C

D

E

F

G

H

I

J

K

L

Isométriques (côtés)

Des côtés d'une figure sont isométriques s'ils ont la même forme et les mêmes dimensions.

Exemple : Le carré a 4 côtés isométriques.

Colorie, sur chaque figure, le côté qui est isométrique à celui marqué d'un X.

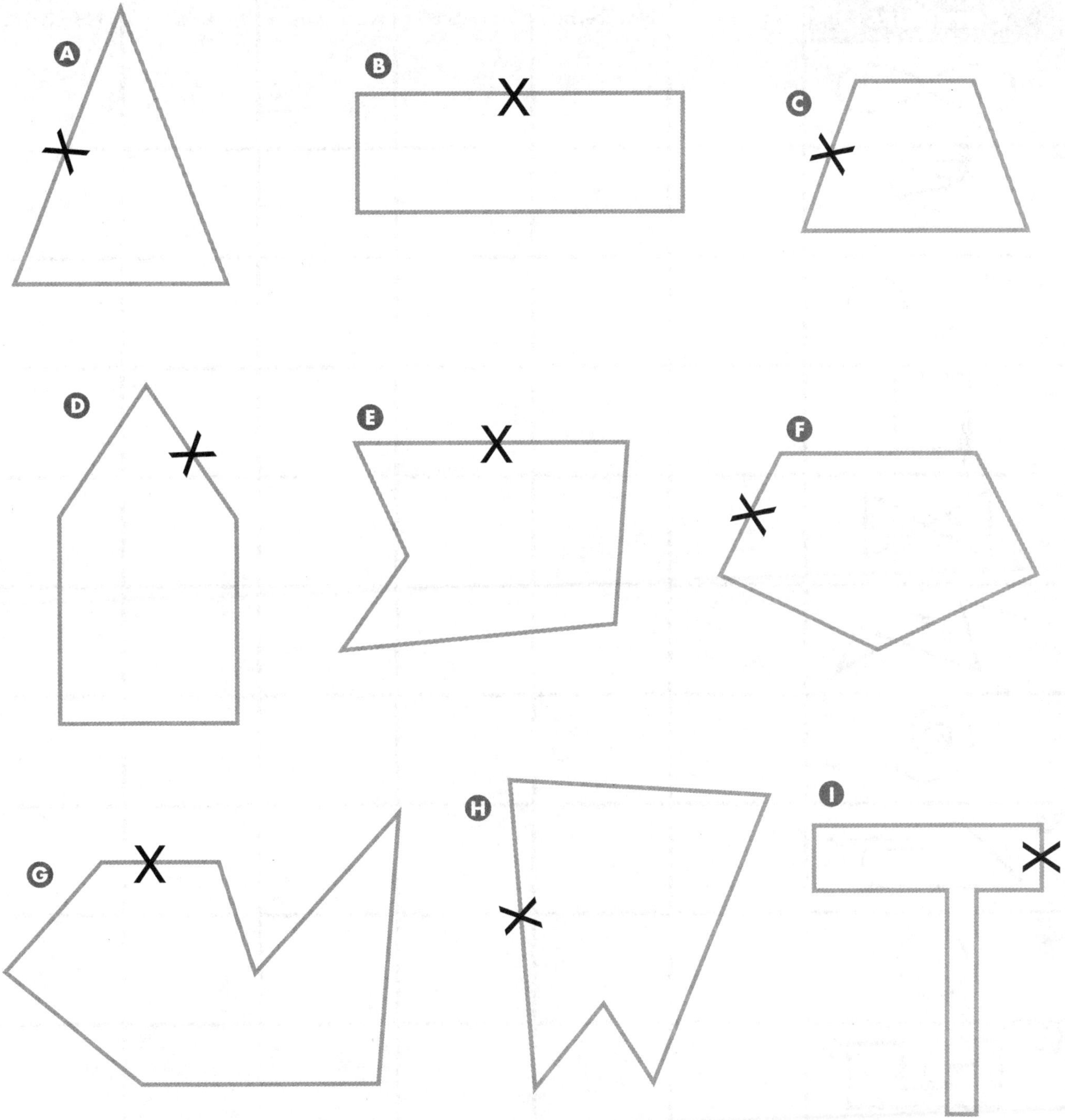

Ligne fermée

Une ligne est fermée si les points de ses extrémités sont confondus.

Exemples : 1) Voici des lignes fermées : 2) Voici des lignes non fermées :

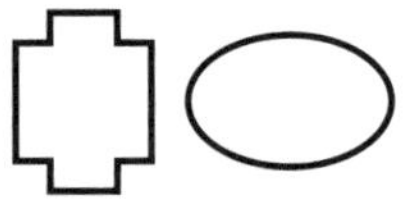

Des amis font des courses à obstacles. Observe les parcours et complète le tableau en traçant des X aux bons endroits.

Parcours	Fermé	Non fermé	Simple	Non simple	Brisé	Non brisé
1 						
2 						
3 						
4 						
5 						
6 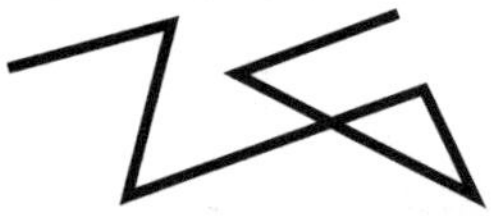						
7 						
8 						
9 						
10 						

Millimètre

Symbole : mm

Un millimètre est une unité de mesure de longueur égale à un millième $\left(\frac{1}{1000} \text{ ou } 0{,}001\right)$ de mètre.

Exemple : 1 mm

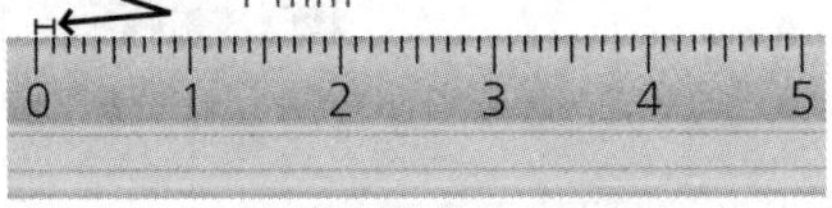

http://webcec.ca/y69/

Observe les bûches ci-dessous et réponds aux questions.

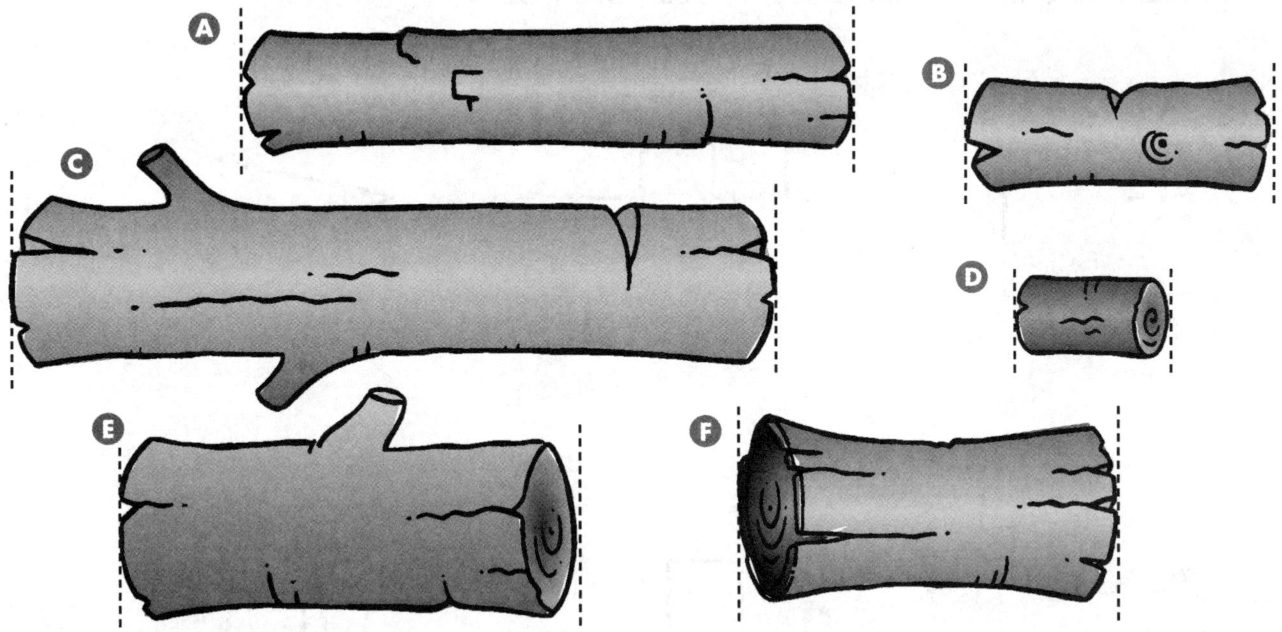

1 Quelle bûche est la plus longue ? ______ Quelle est sa longueur ? ______ **cm**

2 Donne la longueur de chaque bûche en centimètres et en millimètres.

A ______________________ B ______________________

C ______________________ D ______________________

E ______________________ F ______________________

3 On met les bûches bout à bout et on additionne les longueurs. Quelle est la longueur totale en centimètres ? ______________

4 Dans chaque cercle, écris le symbole approprié : <, > ou =.

A	B ◯ F	C	E ◯ D
E	B + D ◯ E	B	C ◯ A
D	E ◯ A	F	A + D ◯ C

a b c d e f g h i j k l m n o p q r s t u v w x y z

Millimètre

Symbole : mm

Un millimètre est une unité de mesure de longueur égale à un millième $\left(\frac{1}{1000}\right.$ ou $\left.0{,}001\right)$ de mètre.

Exemple :

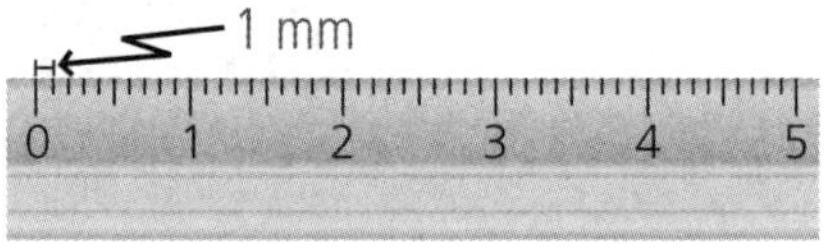

http://webcec.ca/y69/

Des amis sont allés patiner. Ils ont laissé des traces sur la glace. Mesure, en millimètres, chacun des tracés.

Millimètre

Symbole : mm

Un millimètre est une unité de mesure de longueur égale à un millième $\left(\frac{1}{1000} \text{ ou } 0,001\right)$ de mètre.

Exemple :

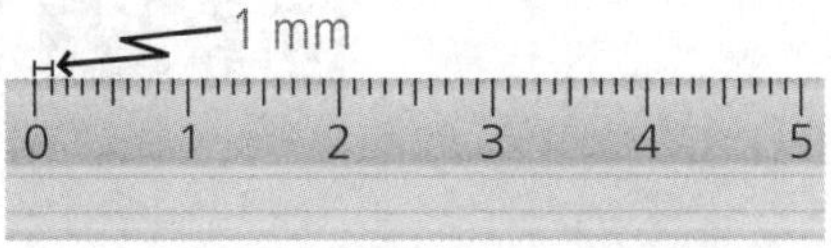

http://webcec.ca/y69/

Des amis se sont donné rendez-vous devant l'arbre où ils ont bâti leur cabane. Chacun emprunte un trajet différent pour s'y rendre. Mesure, en millimètres, chaque trajet.

1 ______ mm 2 ______ mm

3 ______ mm 4 ______ mm

Quel trajet est le plus court ? ______

Quel trajet est le plus long ? ______

a b c d e f g h i j k l m n o p q r s t u v w x y z

Multiplication

Symbole : × (se lit « fois »).

La multiplication est une opération entre deux ou plusieurs nombres appelés *facteurs*.
Le résultat d'une multiplication se nomme *produit*.

Exemple : 5 × 12 = 60

Facteurs (5, 12) — Produit (60)

http://webcec.ca/e89/

Trouve les produits aussi vite que possible.

Opération	Produit	Opération	Produit	Opération	Produit	Opération	Produit
5 x 6 = 30		11 x 1 = 11		7 x 6 = 17	42	9 x 9 =	81
2 x 7 = 14		9 x 5 = 17	45	0 x 0 = 0		5 x 1 =	5
6 x 6 = 36		8 x 12 = 17	96	5 x 8 = 17	40	11 x 2 =	22
0 x 8 = 0		5 x 0 = 0		8 x 7 = 17	56	0 x 1 =	0
9 x 6 = 17	54	2 x 9 = 18		11 x 7 = 77		10 x 11 =	110
5 x 5 = 25		1 x 8 = 8		5 x 3 = 15		12 x 2 =	24
8 x 3 = 24		6 x 7 = 17	42	10 x 4 = 40		8 x 8 =	64
5 x 2 = 10		20 x 2 = 40		2 x 12 = 17	24	0 x 6 =	0
10 x 8 = 80		10 x 5 = 50		5 x 11 = 55		4 x 12 =	48
8 x 6 = 17	48	4 x 9 = 17	36	10 x 7 = 70		1 x 33 =	33
1 x 6 = 6		5 x 7 = 17	35	11 x 11 = 17	121	3 x 11 =	33
7 x 9 = 17	63	9 x 8 = 17	72	2 x 3 = 6		5 x 5 =	25
11 x 12 = 17	132	6 x 5 = 30		7 x 7 = 17	49	7 x 10 =	70
5 x 4 = 20		4 x 11 = 44		9 x 11 = 99		12 x 12 =	140
3 x 12 = 17	36	11 x 5 = 55		0 x 5 = 0		1 x 4 =	4
7 x 11 = 17	77	2 x 8 = 16		5 x 7 = 17	35	5 x 9 =	45

Trouver le produit de deux nombres inférieurs à 100. [Opérations]

Multiplication

Symbole : × (se lit « fois »).

La multiplication est une opération entre deux ou plusieurs nombres appelés *facteurs.*
Le résultat d'une multiplication se nomme *produit.*

Exemple : 5 × 12 = 60

Facteurs (5, 12) — Produit (60)

http://webcec.ca/e89/

Relie chaque opération au bon produit.

A

6 x 6	36
7 x 5	14
9 x 4	36
2 x 7	35

B

4 x 7	18
3 x 9	25
5 x 5	28
2 x 9	27

C

7 x 8	42
6 x 8	56
7 x 6	48
7 x 7	49

D

5 x 8	21
3 x 7	40
4 x 8	36
9 x 4	32

E

3 x 8	16
5 x 6	16
2 x 8	30
4 x 4	24

F

6 x 9	54
3 x 5	64
7 x 9	15
8 x 8	63

G

2 x 5	9
1 x 9	10
3 x 3	18
3 x 6	9

H

8 x 6	28
5 x 4	20
7 x 4	48
6 x 4	24

I

7 x 5	35
8 x 4	45
9 x 5	27
3 x 9	32

J

9 x 9	72
8 x 9	54
7 x 8	81
9 x 6	56

K

8 x 2	25
7 x 3	21
6 x 4	16
5 x 5	24

L

3 x 2	8
2 x 4	10
1 x 5	6
2 x 5	5

M

6 x 7	36
7 x 3	42
8 x 8	21
4 x 9	64

N

5 x 4	20
3 x 8	24
6 x 4	16
2 x 8	24

O

1 x 7	7
3 x 3	6
2 x 4	9
2 x 3	8

P

9 x 5	30
4 x 9	45
6 x 5	40
8 x 5	36

Multiplication d'un nombre naturel par une fraction

a b c d e f g h i j k l m n o p q r s t u v w x y z

Multiplication d'un nombre naturel par une fraction

Exemple : $6 \times \frac{3}{8} = ?$ $\quad 6 \times \frac{3}{8} = \frac{6 \times 3}{8} = \frac{18}{8} = \frac{9}{4}$

http://webcec.ca/c29/

Quatre classes de 4e année ont participé à un dîner à l'école.
On avait prévu pour chaque classe une trop grande quantité d'aliments.
Observe bien les données, puis complète le tableau.

Classe A
Les élèves ont mangé les $\frac{2}{3}$ des aliments prévus.

Classe C
Les élèves ont mangé les $\frac{3}{4}$ des aliments prévus.

Classe B
Les élèves ont mangé le $\frac{1}{2}$ des aliments prévus.

Classe D
Les élèves ont mangé les $\frac{5}{6}$ des aliments prévus.

Combien d'aliments de chaque sorte les élèves de chaque classe ont-ils mangés ?

Aliment	Classe A	Classe B	Classe C	Classe D
12 sandwichs au jambon	sandwichs	sandwichs	sandwichs	sandwichs
48 mini-pizzas à la tomate	mini-pizzas	mini-pizzas	mini-pizzas	mini-pizzas
60 bâtonnets de céleri	bâtonnets	bâtonnets	bâtonnets	bâtonnets
24 pommes	pommes	pommes	pommes	pommes
36 biscuits à l'avoine	biscuits	biscuits	biscuits	biscuits

Multiplication d'un nombre naturel par une fraction

Multiplication d'un nombre naturel par une fraction

Exemple : $6 \times \frac{3}{8} = ?$ $6 \times \frac{3}{8} = \frac{6 \times 3}{8} = \frac{18}{8} = \frac{9}{4}$

http://webcec.ca/c29/

a b c d e f g h i j k l m n o p q r s t u v w x y z

Effectue les multiplications suivantes.

1. $2 \times \frac{1}{4} =$

2. $3 \times \frac{1}{3} =$

3. $5 \times \frac{1}{6} =$

4. $8 \times \frac{1}{2} =$

5. $6 \times \frac{1}{7} =$

6. $7 \times \frac{1}{10} =$

7. $5 \times \frac{1}{5} =$

8. $4 \times \frac{1}{8} =$

9. $9 \times \frac{1}{9} =$

10. $12 \times \frac{1}{2} =$

M Multiplication d'un nombre naturel par une fraction

Multiplication d'un nombre naturel par une fraction

Exemple : $6 \times \frac{3}{8} = ?$ $\quad 6 \times \frac{3}{8} = \frac{6 \times 3}{8} = \frac{18}{8} = \frac{9}{4}$

http://webcec.ca/c29/

Effectue les multiplications de fractions suivantes.

1 $\frac{1}{8} \times 32 =$	**2** $\frac{2}{5} \times 10 =$	**3** $\frac{1}{5} \times 40 =$	**4** $\frac{3}{6} \times 12 =$
5 $\frac{1}{6} \times 42 =$	**6** $\frac{2}{3} \times 18 =$	**7** $\frac{2}{5} \times 15 =$	**8** $\frac{2}{3} \times 12 =$
9 $\frac{2}{7} \times 21 =$	**10** $\frac{1}{2} \times 16 =$	**11** $\frac{2}{6} \times 12 =$	**12** $\frac{2}{5} \times 25 =$
13 $\frac{2}{3} \times 12 =$	**14** $\frac{1}{8} \times 16 =$	**15** $\frac{3}{8} \times 16 =$	**16** $\frac{1}{3} \times 9 =$
17 $\frac{3}{4} \times 24 =$	**18** $\frac{1}{4} \times 28 =$	**19** $\frac{3}{4} \times 16 =$	**20** $\frac{5}{12} \times 24 =$
21 $\frac{1}{6} \times 24 =$	**22** $\frac{3}{6} \times 36 =$	**23** $\frac{1}{4} \times 28 =$	**24** $\frac{1}{3} \times 18 =$
25 $\frac{1}{3} \times 6 =$	**26** $\frac{3}{8} \times 24 =$	**27** $\frac{1}{5} \times 30 =$	**28** $\frac{1}{4} \times 24 =$

Multiplier (un nombre à 2, 3 ou 4 chiffres par un nombre à 1 chiffre)

Multiplier (un nombre à 2, 3 ou 4 chiffres par un nombre à 1 chiffre)

Symbole : × (se lit « fois »).

La multiplication est une opération entre deux ou plusieurs nombres appelés *facteurs*.
Le résultat d'une multiplication se nomme *produit*.

http://webcec.ca/w28/

Voici un jeu où tu dois effectuer les multiplications et faire des X sur les produits dans la grille. Il restera un seul nombre. Trouve lequel.

- A 308 x 5 =
- B 612 x 7 =
- C 357 x 4 =
- D 136 x 3 =
- E 469 x 6 =
- F 550 x 8 =
- G 945 x 3 =
- H 422 x 2 =
- I 503 x 5 =
- J 864 x 2 =
- K 249 x 8 =
- L 105 x 9 =
- M 631 x 3 =
- N 724 x 7 =
- O 258 x 4 =
- P 492 x 6 =
- Q 55 x 27 =
- R 75 x 89 =
- S 23 x 66 =
- T 46 x 31 =
- U 82 x 37 =
- V 61 x 49 =
- W 53 x 71 =
- X 91 x 68 =

408	945	1 485	4 400	1 728
2 515	3 034	3 763	4 284	2 989
2 952	1 540	844	1 032	2 835
2 814	4 623	1 992	1 428	1 518
5 068	1 426	6 675	6 188	1 893

Le nombre est :

Multiplier (un nombre à 2, 3 ou 4 chiffres par un nombre à 1 chiffre)

Symbole : × (se lit « fois »).

La multiplication est une opération entre deux ou plusieurs nombres appelés *facteurs*. Le résultat d'une multiplication se nomme *produit*.

http://webcec.ca/w28/

Calcule les produits.

1. 132 × 4
2. 151 × 6
3. 275 × 2
4. 362 × 3
5. 107 × 8
6. 119 × 7
7. 906 × 2
8. 728 × 6
9. 667 × 4
10. 452 × 5
11. 45 × 18
12. 63 × 26
13. 72 × 41
14. 56 × 27
15. 29 × 65
16. 91 × 16
17. 43 × 37
18. 25 × 62
19. 38 × 32
20. 76 × 69
21. 173 × 201
22. 307 × 602
23. 451 × 583
24. 628 × 170
25. 505 × 292

Multiplier (un nombre à 2, 3 ou 4 chiffres par un nombre à 1 chiffre)

Multiplier (un nombre à 2, 3 ou 4 chiffres par un nombre à 1 chiffre)

Symbole : × (se lit « fois »).

La multiplication est une opération entre deux ou plusieurs nombres appelés *facteurs*.
Le résultat d'une multiplication se nomme *produit*.

http://webcec.ca/w28/

Anaïs a demandé un casse-tête pour Noël. Trouve le nombre de pièces que contient le casse-tête. Effectue d'abord les multiplications. Fais ensuite des X sur les produits dans la grille.

A 623 x 5 = ____
B 195 x 3 = ____
C 264 x 4 = ____
D 789 x 7 = ____
E 573 x 2 = ____
F 691 x 8 = ____
G 506 x 5 = ____
H 138 x 9 = ____

I 139 x 4 = ____
J 320 x 2 = ____
K 176 x 8 = ____
L 934 x 7 = ____
M 487 x 5 = ____
N 708 x 3 = ____
O 292 x 6 = ____
P 139 x 7 = ____

Q 266 x 6 = ____
R 703 x 4 = ____
S 984 x 7 = ____
T 416 x 3 = ____
U 180 x 2 = ____
V 861 x 5 = ____
W 337 x 9 = ____
X 768 x 8 = ____

2 530	1 596	1 752	585	1 408
2 435	3 115	1 248	2 812	5 528
973	4 305	556	3 033	2 124
1 146	6 538	6 144	6 888	5 523
640	360	1 056	2 005	1 242

Le nombre qui n'a pas été marqué d'un X est le nombre de pièces que contient le casse-tête.

Le casse-tête comprend ____ pièces.

O Opération inverse

a b c d e f g h i j k l m n o p q r s t u v w x y z

Opération inverse

Deux opérations sont inverses si les effets de l'une annulent les effets de l'autre.

La multiplication et la division (à l'exception de la division par 0, qui n'est pas définie) sont des opérations inverses.

Exemple : Multiplier un nombre par 3 et ensuite diviser le résultat par 3 donne le même nombre de départ. $15 \times 3 \div 3 = 15$

1 Écris une division qui a un lien avec la multiplication proposée.

A 7 x 6	I 2 x 9	Q 7 x 1
B 3 x 9	J 5 x 6	R 6 x 6
C 4 x 7	K 3 x 8	S 9 x 9
D 1 x 9	L 2 x 6	T 4 x 6
E 5 x 5	M 4 x 9	U 8 x 8
F 9 x 8	N 7 x 8	V 6 x 9
G 7 x 7	O 5 x 3	W 5 x 9
H 6 x 3	P 2 x 8	X 4 x 8

2 Écris une multiplication qui a un lien avec la division proposée.

A 15 ÷ 3	I 20 ÷ 4	Q 48 ÷ 6
B 25 ÷ 5	J 45 ÷ 9	R 30 ÷ 5
C 81 ÷ 9	K 35 ÷ 5	S 42 ÷ 6
D 64 ÷ 8	L 72 ÷ 9	T 16 ÷ 4
E 14 ÷ 7	M 54 ÷ 6	U 24 ÷ 6
F 56 ÷ 8	N 49 ÷ 7	V 40 ÷ 8
G 32 ÷ 4	O 63 ÷ 9	W 12 ÷ 6
H 27 ÷ 9	P 27 ÷ 3	X 9 ÷ 1

Établir la relation qui existe entre l'opération de multiplication et l'opération de division. [Opérations]

O Opération inverse

Opération inverse

Deux opérations sont inverses si les effets de l'une annulent les effets de l'autre.

La multiplication et la division (à l'exception de la division par 0, qui n'est pas définie) sont des opérations inverses.

Exemple : Multiplier un nombre par 3 et ensuite diviser le résultat par 3 donne le même nombre de départ. $15 \times 3 \div 3 = 15$

Trouve les termes manquants dans les opérations inscrites sur les pétales de fleurs. Tu peux effectuer des multiplications ou des divisions.

1

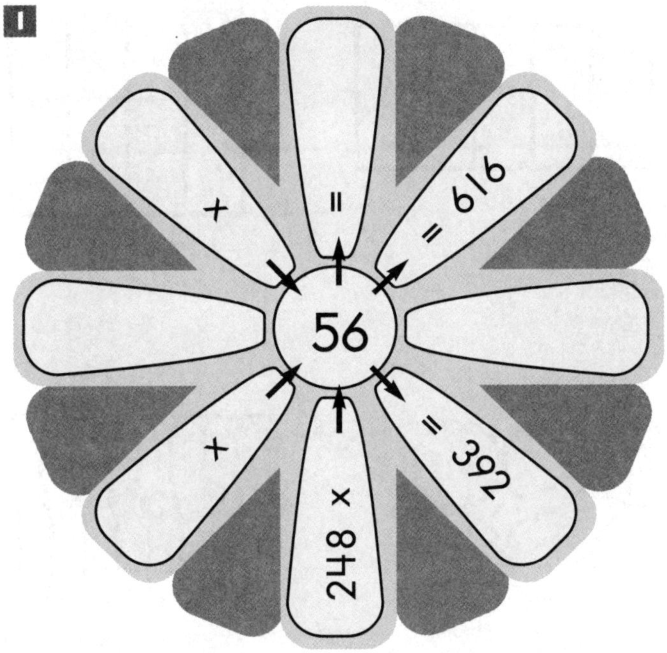

2

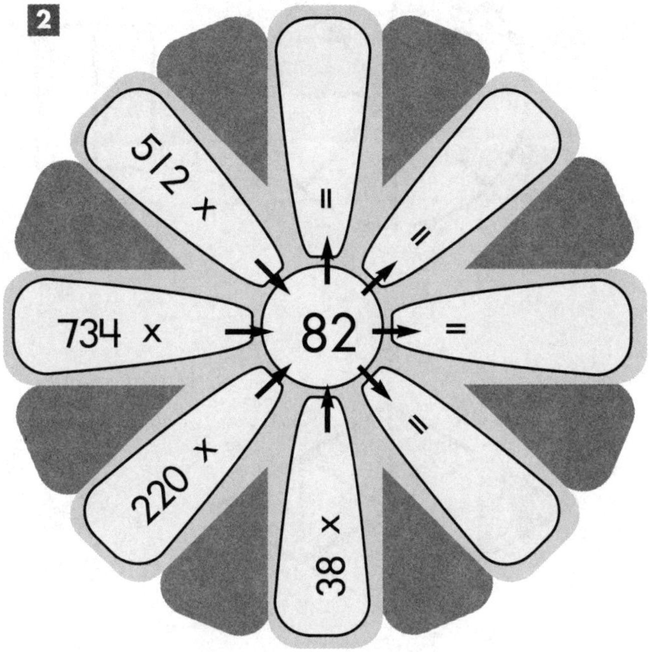

3

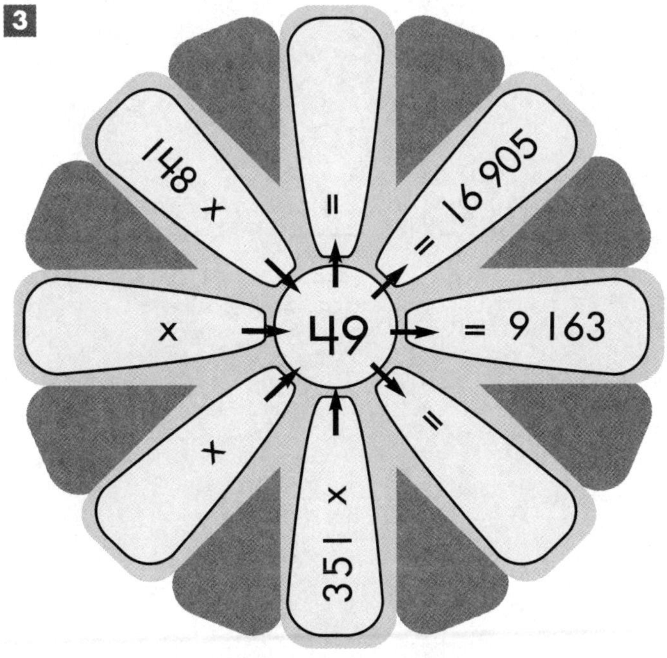

4

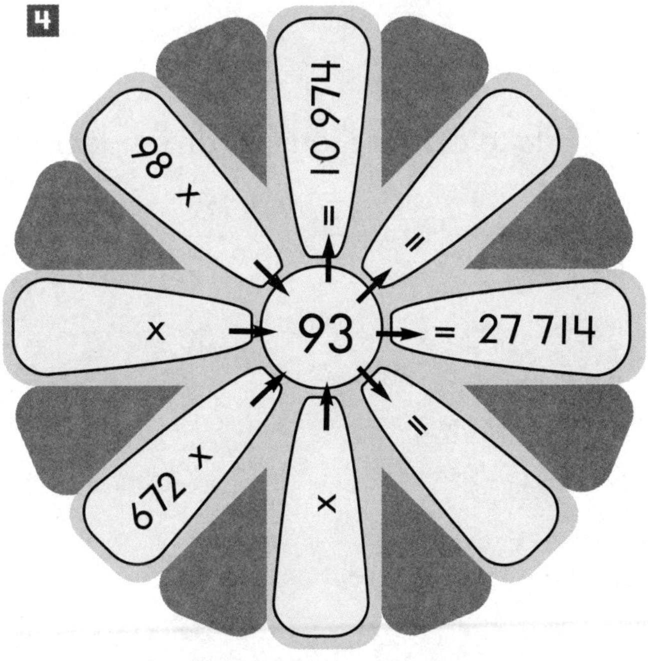

Ordonner des fractions (même dénominateur)

Ordonner des fractions (même dénominateur)

Pour ordonner des fractions ayant le même dénominateur, il suffit de considérer le numérateur.

Exemple : $\frac{1}{8} < \frac{3}{8} < \frac{7}{8}$

http://webcec.ca/u83/

1 Écris la fraction représentée par chaque illustration.

A
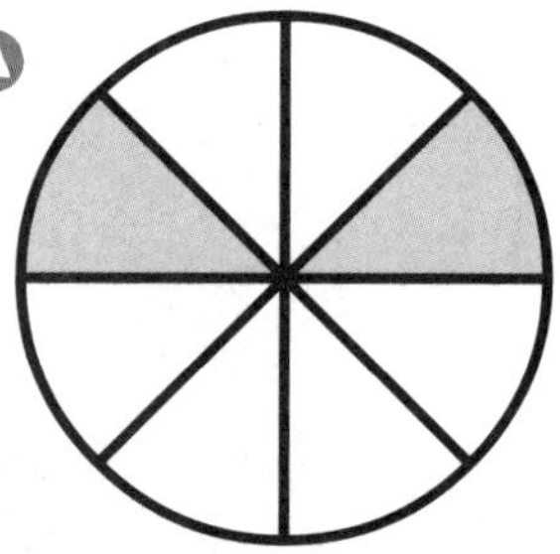

B
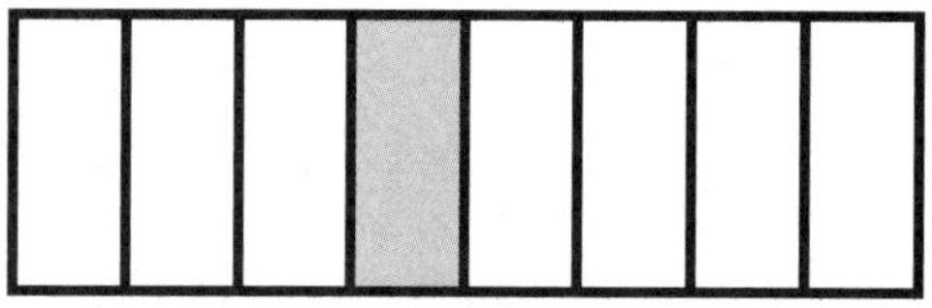

C
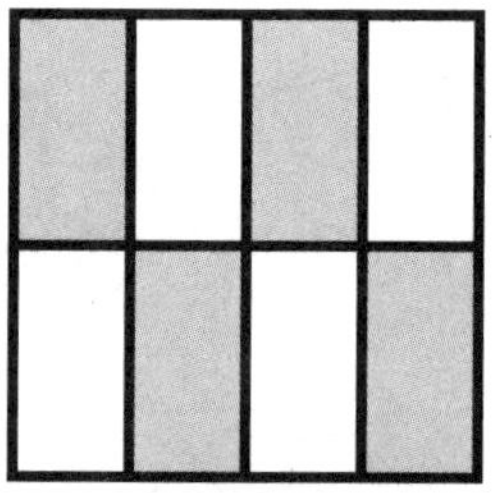

D
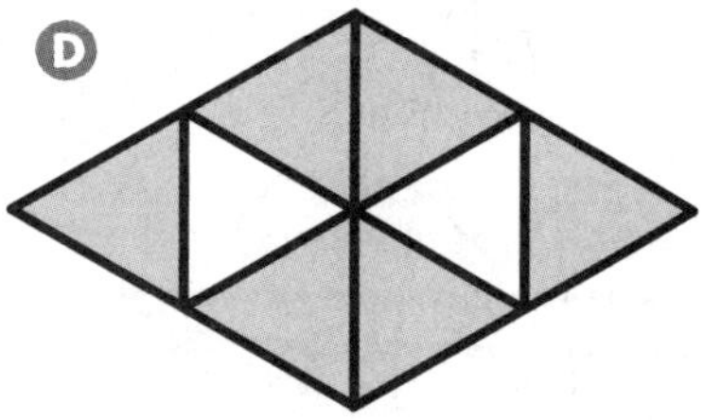

E

F
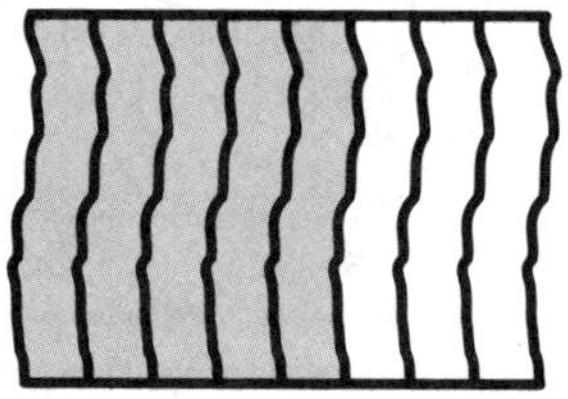

2 Place ces fractions en ordre décroissant.

$\frac{6}{12}$ $\frac{1}{12}$ $\frac{15}{12}$ $\frac{8}{12}$ $\frac{3}{12}$ $\frac{24}{12}$ $\frac{2}{12}$ $\frac{7}{12}$ $\frac{10}{12}$ $\frac{4}{12}$

Ordre décroissant

L'ordre décroissant est la disposition qui va du plus grand au plus petit.

Exemple : Les nombres suivants sont placés dans l'ordre décroissant : 32, 30, 24, 18, 15, 11, 7.

Voici les points obtenus par certains élèves de la classe.

☆	10 points
○	100 points
△	1 000 points

TABLEAU D'ENCOURAGEMENT

Élève	Point	Total
Patrice	○○☆☆☆△☆☆△○○○○	
Karine	△☆☆☆○○○☆○○○☆○△△△	
Fatima	△△△△○☆○☆○☆☆☆☆☆☆	
Paola	△☆△△△△△△	
Chanelle	○☆☆☆☆○○○○○☆○△△☆△△△	
Piotr	○○○○○☆☆○○○○△△☆○	
Maude	☆☆☆☆☆○○☆☆☆☆☆○○○○○△△	
Tranh	☆○△☆○△☆○△☆○△△○	
Gabriel	○○○○○○○○○△△△	
Karl	☆○○☆○○☆△○△○△△△	
Alberto	△○△○△☆☆☆☆☆☆☆☆☆	
Sophie	○○△△○○△△☆☆☆☆	
Ahmed	☆☆☆○○○☆☆☆○○○☆☆△△△△△△	
Mahée	○○○○○○○○○○○○☆☆☆☆☆	

A Trouve le total de chaque élève, à l'aide du code. Inscris les réponses dans le tableau.

B Quel élève a le plus de points ? ______________________

Quel élève a le moins de points ? ______________________

C Place les résultats des élèves dans l'ordre décroissant. ______________________

____

a b c d e f g h i j k l m n o p q r s t u v w x y z

Parallèle

Des droites sont parallèles si elles ont la même *direction.* De plus, si on les prolongeait, elles ne se rencontreraient jamais.

Exemple : Les droites d_1 et d_2 ci-contre sont parallèles.

1 Entoure les lignes parallèles.

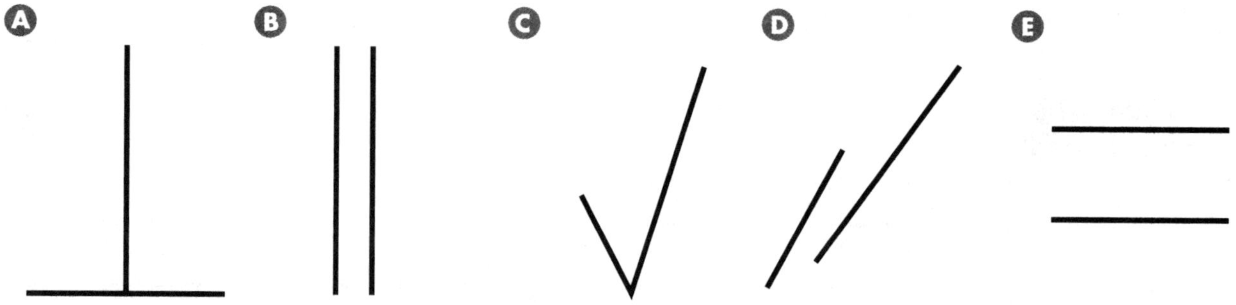

2 Entoure les lignes perpendiculaires.

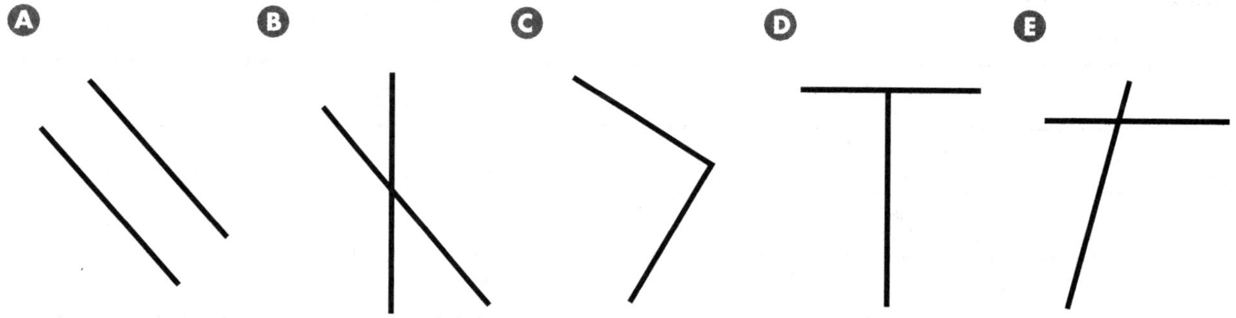

3 Colorie de la même couleur les lignes parallèles des figures.

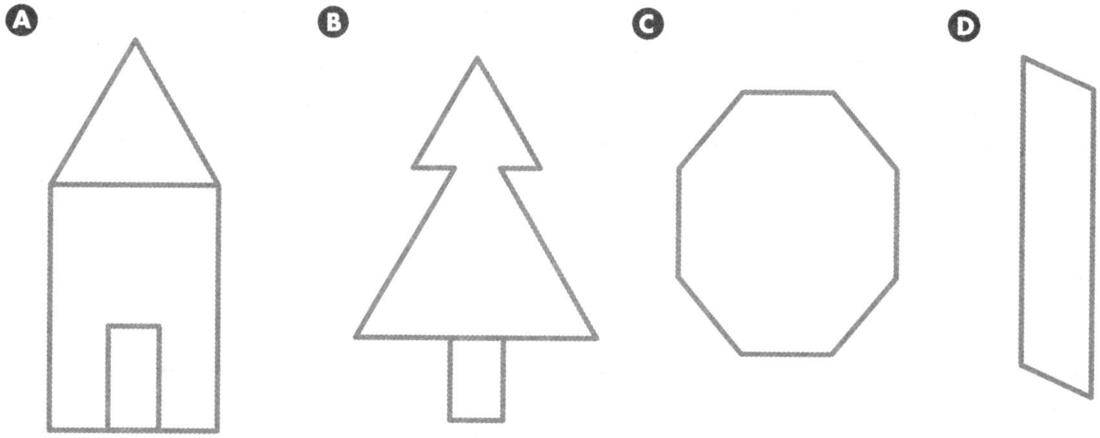

Identifier et représenter des droites parallèles et des droites perpendiculaires. [Géométrie]

Partie équivalente

Une partie équivalente à une autre représente une même valeur.

Exemple : Chaque $\frac{1}{4}$ de ce rectangle est équivalent, car le rectangle est divisé en 4 parties égales.

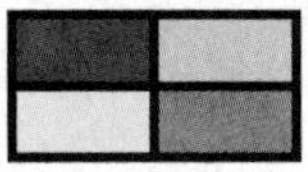

http://webcec.ca/u83/

Voici trois activités portant sur les fractions. Lis bien les consignes.

1 Sépare la figure :

A en 2 parties équivalentes

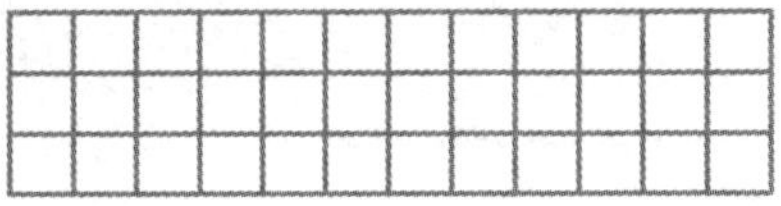

B en 3 parties équivalentes

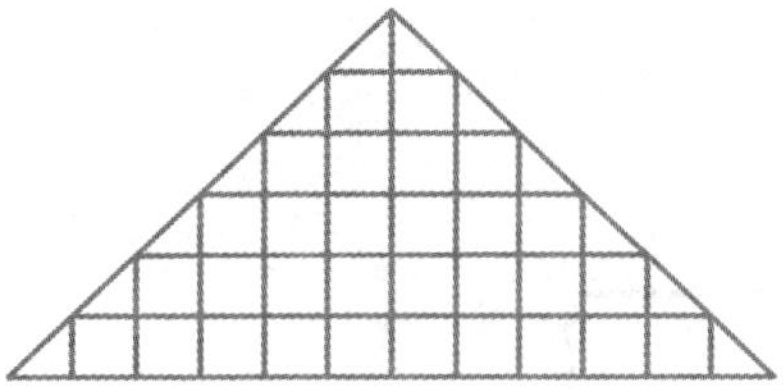

C en 4 parties équivalentes

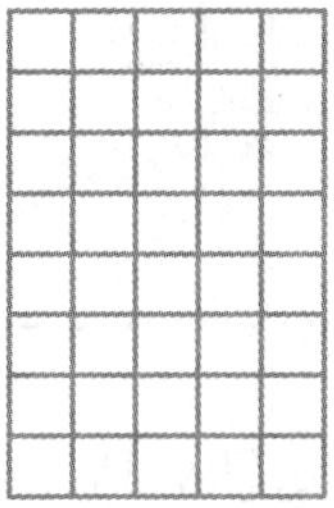

2 Colorie la figure de façon à illustrer la fraction indiquée.

A

$\frac{6}{8}$

B

$\frac{8}{10}$

C

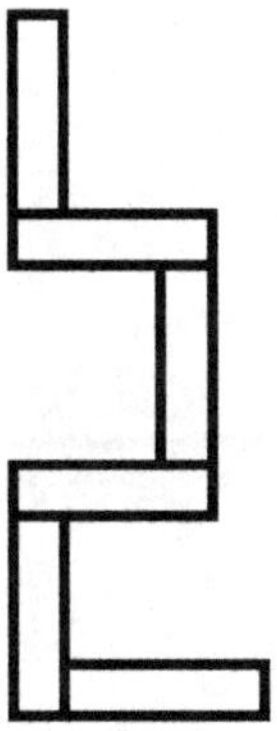

$\frac{18}{36}$

D

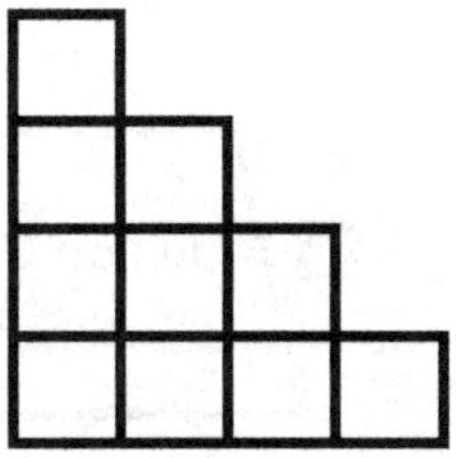

$\frac{3}{10}$

3 Place les fractions de chaque ensemble en ordre décroissant.

A $\frac{1}{8}$, $\frac{5}{9}$, $\frac{4}{7}$, $\frac{3}{12}$, $\frac{2}{6}$ ______________________

B $\frac{5}{18}$, $\frac{3}{7}$, $\frac{6}{15}$, $\frac{1}{3}$, $\frac{9}{6}$ ______________________

C $\frac{1}{7}$, $\frac{4}{13}$, $\frac{7}{5}$, $\frac{3}{9}$, $\frac{2}{20}$ ______________________

a b c d e f g h i j k l m n o p q r s t u v w x y z

Périmètre

Le périmètre est la longueur de la ligne qui représente le contour d'une figure plane.

Exemple : Le périmètre du triangle ci-contre est de 3 cm + 3 cm + 5 cm = 11 cm.

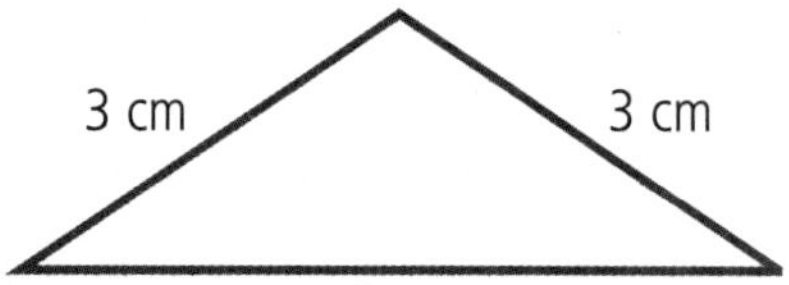

http://webcec.ca/b22/

Dans la classe de Clara, des cartons de différentes grandeurs décrivent les règles de vie en classe. Clara a reproduit ces cartons. Mesure le périmètre de chacun au centimètre près.

1
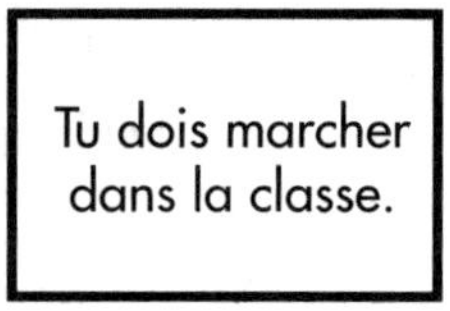

2

3
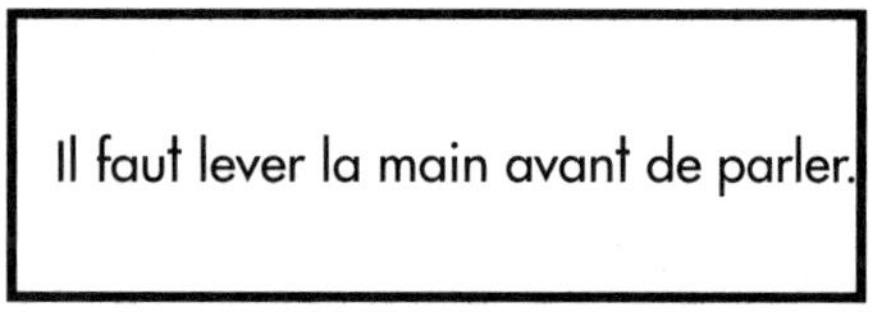

4

5
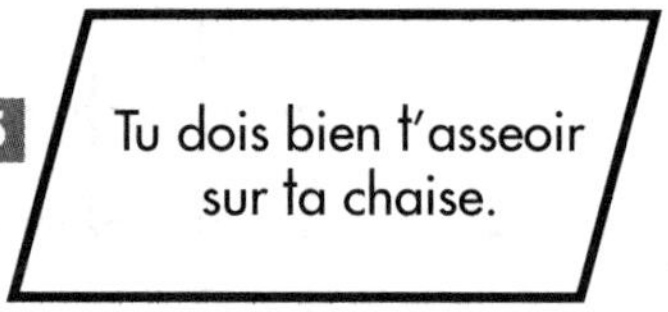

6

7

8

9

10
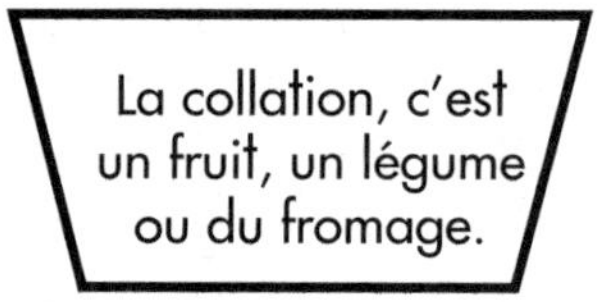

Périmètre

Le périmètre est la longueur de la ligne qui représente le contour d'une figure plane.

Exemple : Le périmètre du triangle ci-contre est de 3 cm + 3 cm + 5 cm = 11 cm.

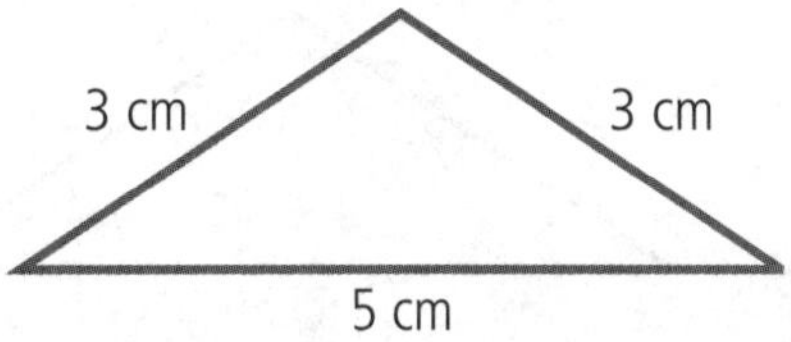

http://webcec.ca/b22/

Des élèves ont préparé une superbe exposition pour leurs parents et leurs amis. Ils y présentent des collections de toutes sortes. Les voici :

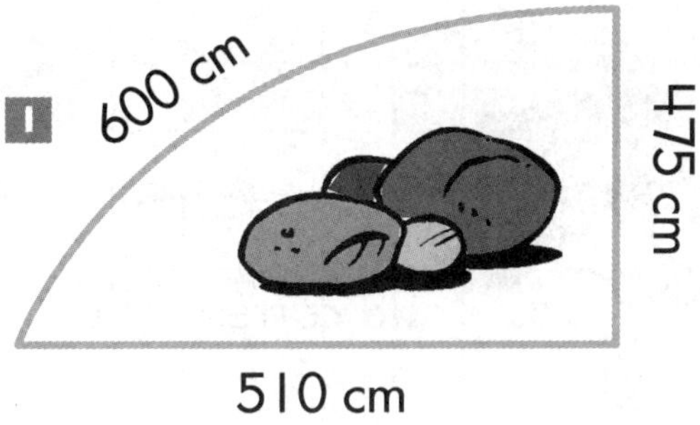

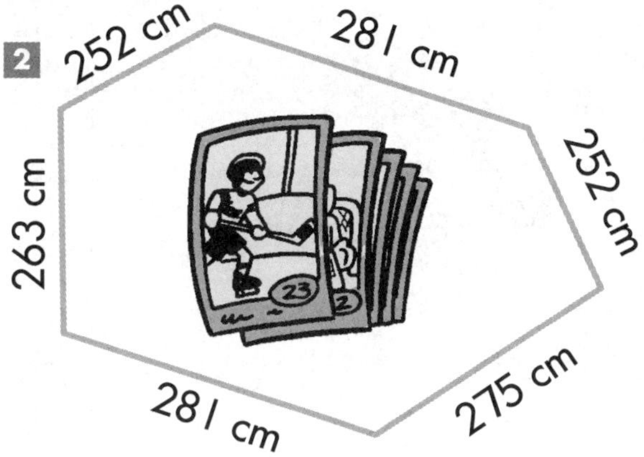

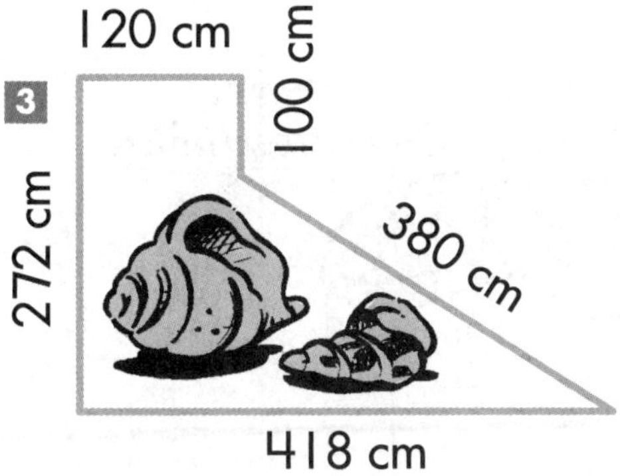

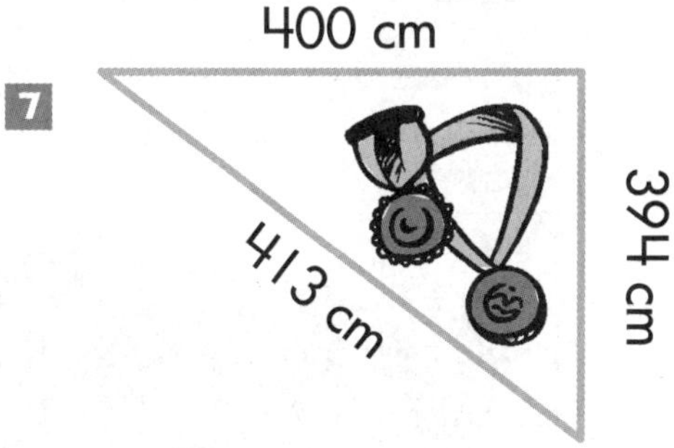

Calcule, en centimètres, le périmètre de chaque kiosque d'exposition.

1 ______ 2 ______ 3 ______ 4 ______

5 ______ 6 ______ 7 ______

a b c d e f g h i j k l m n o p q r s t u v w x y z

Périmètre

Le périmètre est la longueur de la ligne qui représente le contour d'une figure plane.

Exemple : Le périmètre du triangle ci-contre est de 3 cm + 3 cm + 5 cm = 11 cm.

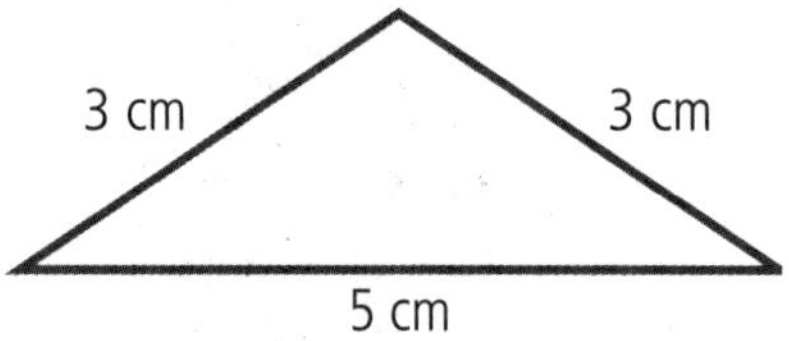

http://webcec.ca/b22/

Dessine une clôture autour de chaque groupe de légumes. Le périmètre de la clôture est indiqué.

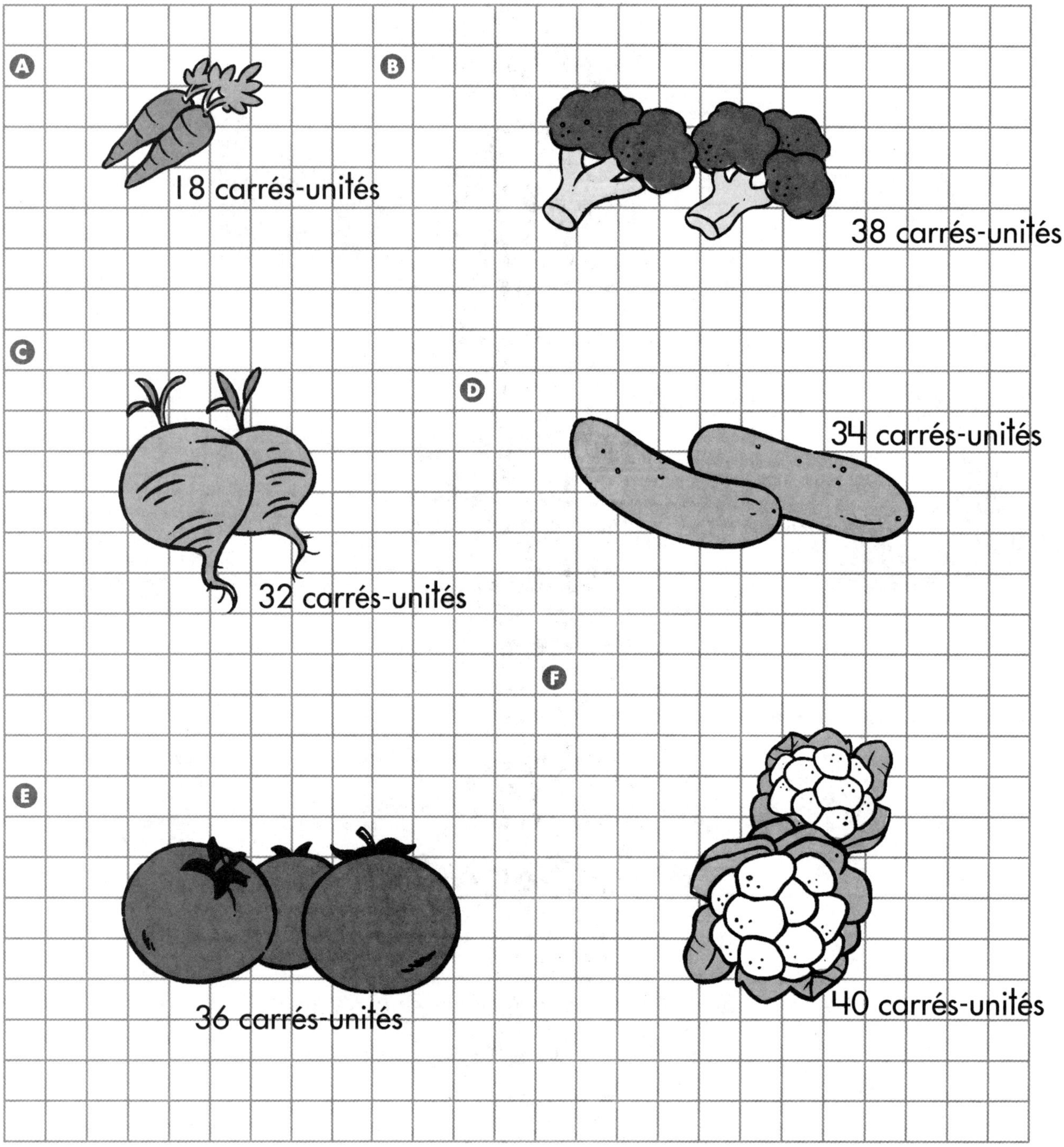

Périmètre

Le périmètre est la longueur de la ligne qui représente le contour d'une figure plane.

Exemple : Le périmètre du triangle ci-contre est de 3 cm + 3 cm + 5 cm = 11 cm.

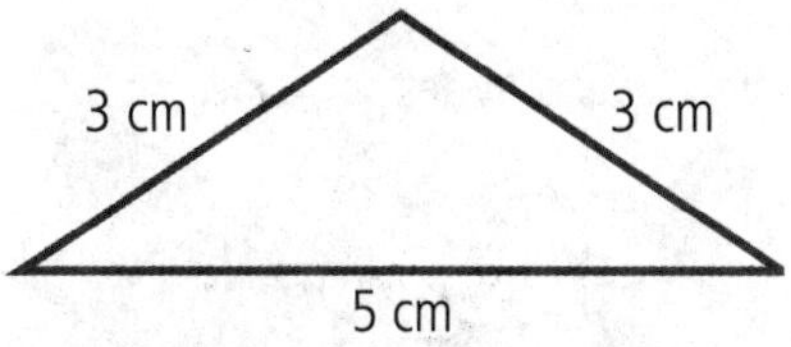

http://webcec.ca/b22/

Colorie en bleu toutes les figures qui ont un périmètre de 16 cm. Utilise ta règle pour les mesurer.

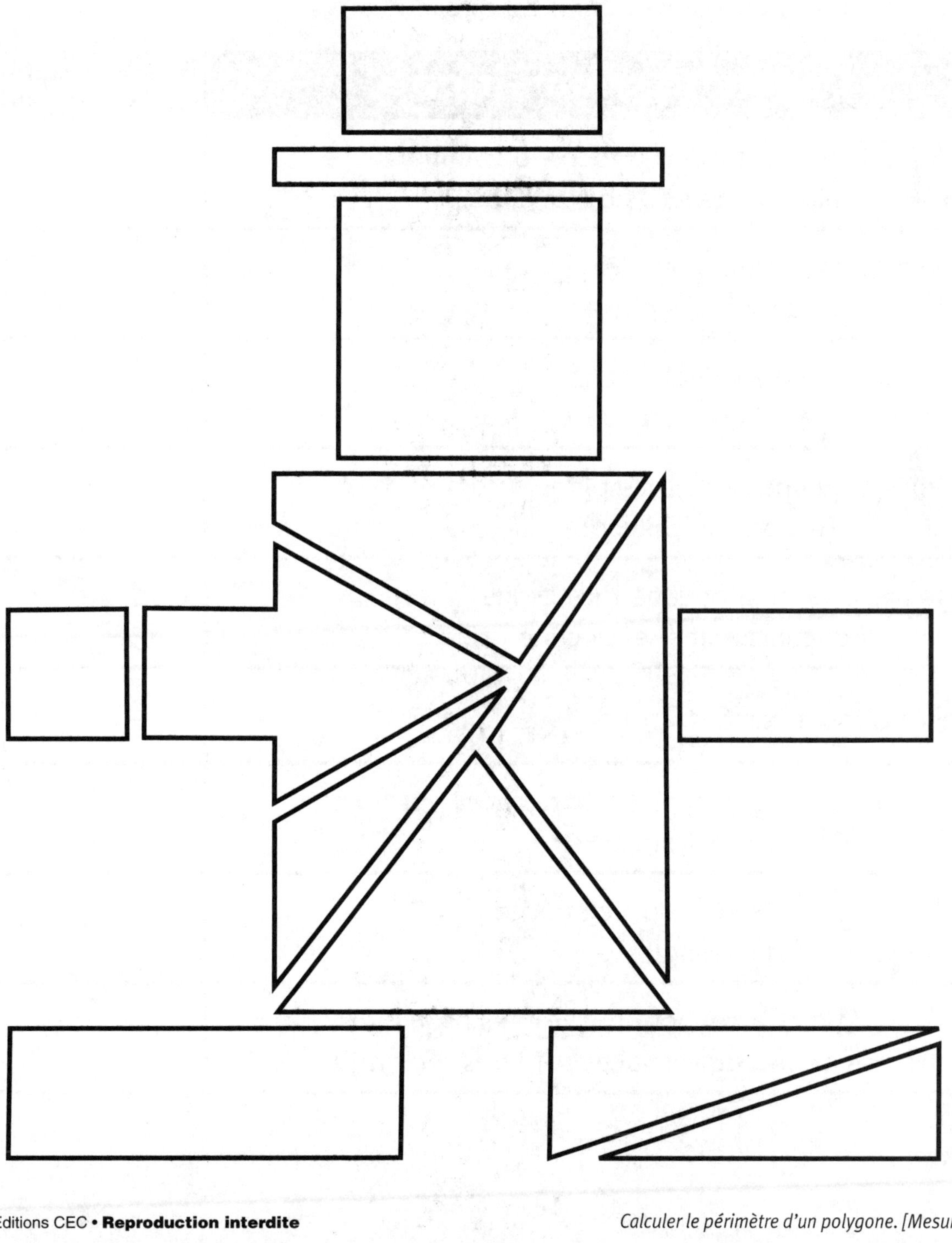

Polyèdre

Un polyèdre est un solide limité par des faces planes qui sont des polygones.

Exemples : 1) 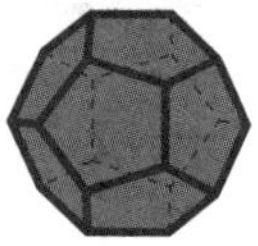 2) 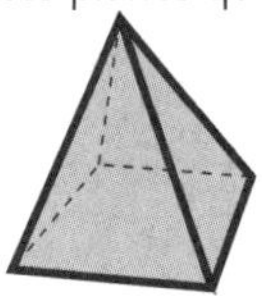 3) 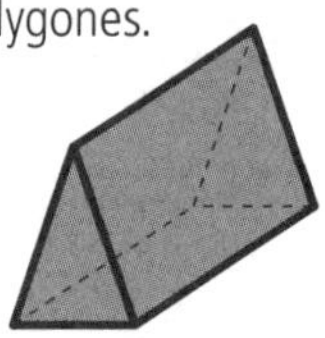

http://webcec.ca/p38/

Voici quelques devinettes portant sur les solides géométriques.
À toi de découvrir les solides dont il est question.

Devinette géométrique	Solide correspondant
A Je suis un solide qui a 6 faces, 8 sommets et 12 arêtes. Je ne suis pas un cube.	
B Je ne suis pas un polyèdre, je roule et je possède 2 faces planes.	
C Je possède 5 sommets et ma base est un carré.	
D Je n'ai qu'une seule face plane et je ne suis pas un polyèdre.	
E Je roule. Je n'ai aucune face plane. Je n'ai aucun sommet et aucune arête.	
F J'ai 6 faces carrées.	
G Je suis un polyèdre, j'ai 5 faces dont 2 triangles et 3 rectangles.	
H J'ai 4 sommets et je suis composé uniquement de triangles.	
I Deux de mes faces sont des figures régulières à 6 côtés ; mes autres faces sont des rectangles.	

 Nommer, identifier et décrire des solides. [Géométrie]

Polygone

Un polygone est une figure plane formée par une ligne brisée fermée.

Exemples : 1)  2) 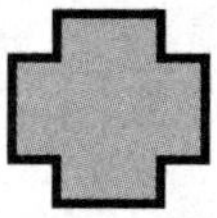 3) 

1 Voici des figures. Entoure les polygones.

A 

B 

C 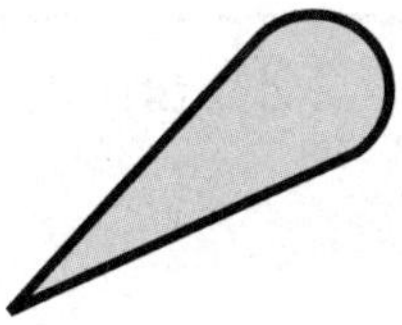

D 

E 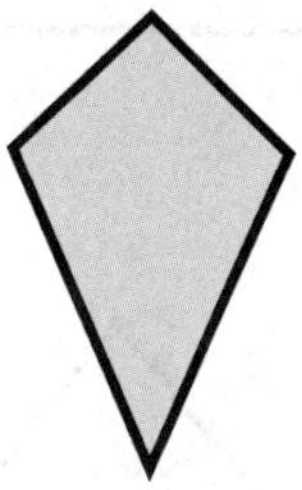

F 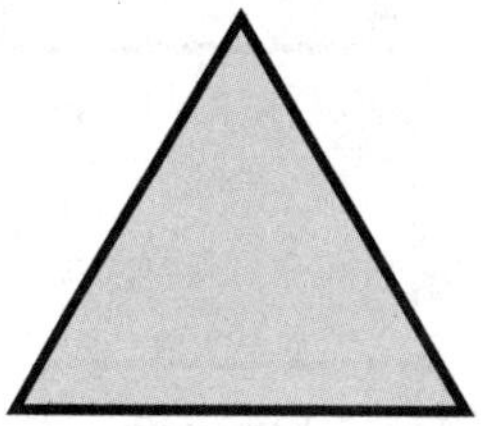

G 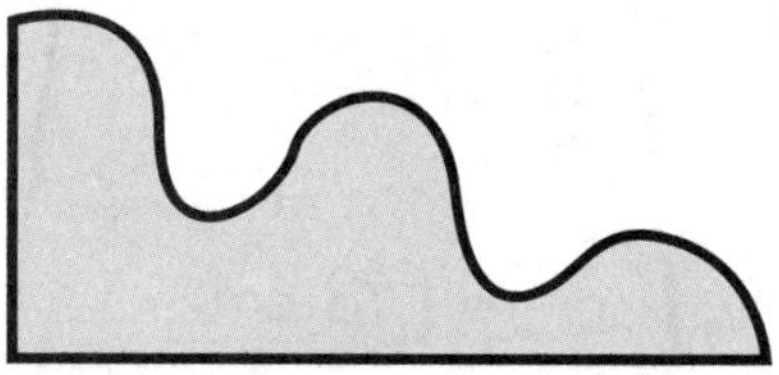

H 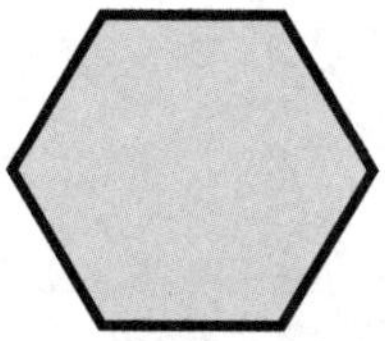

I 

2 Représente un objet ou un personnage à l'aide des polygones de ton choix.

a b c d e f g h i j k l m n o p q r s t u v w x y z

Polygone

Un polygone est une figure plane formée par une ligne brisée fermée.

Exemples : 1)  2) 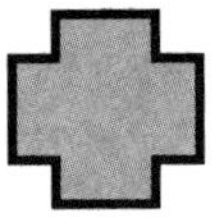 3) 

Calcule le périmètre de chaque polygone.

1

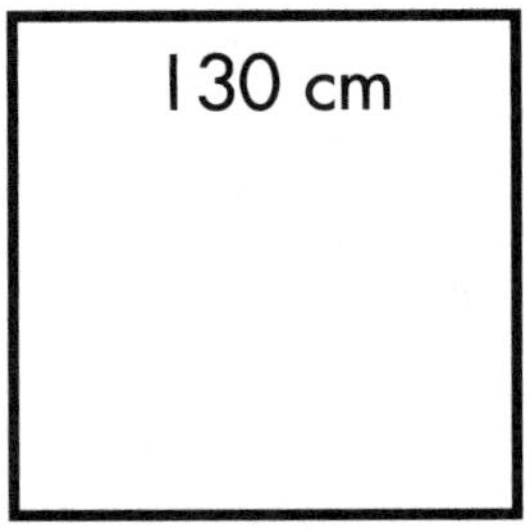

2

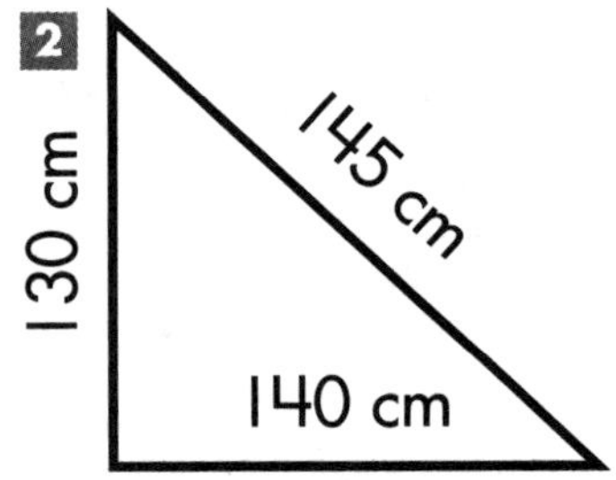

3

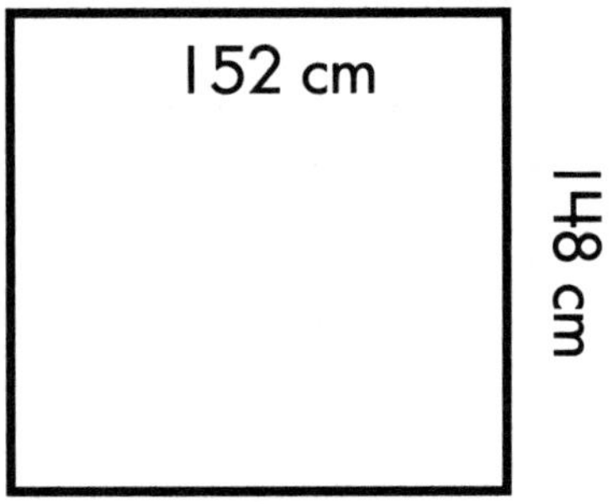

4

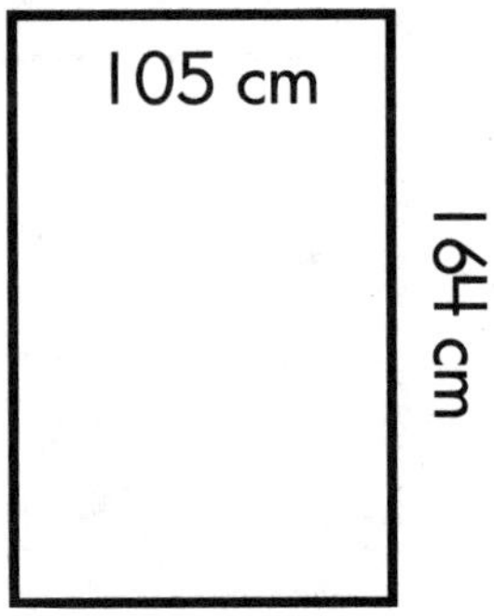

5

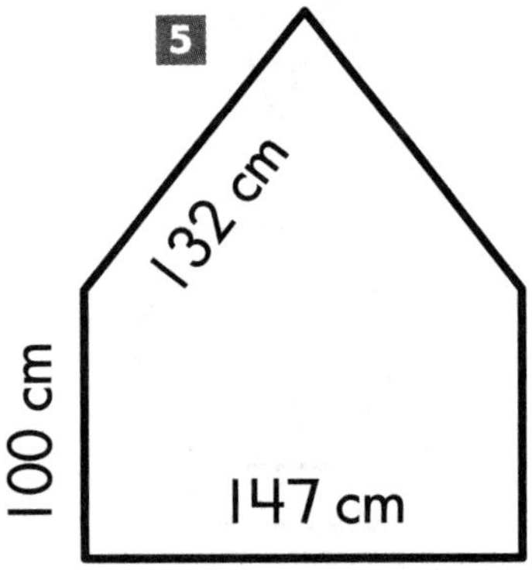

6

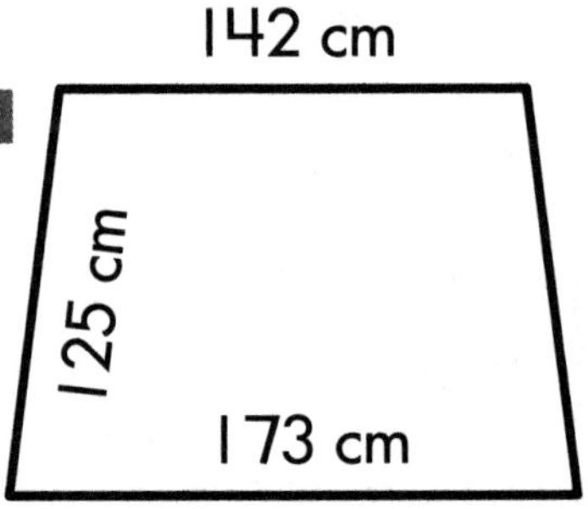

7

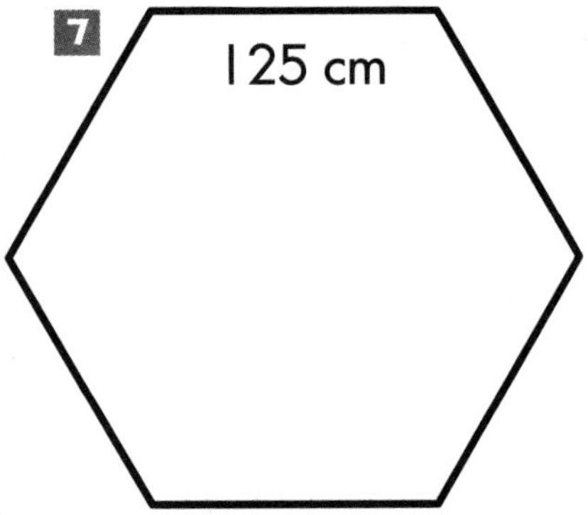

8

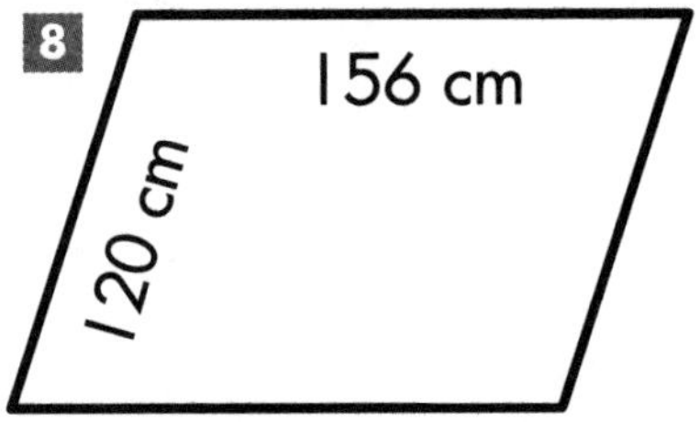

9

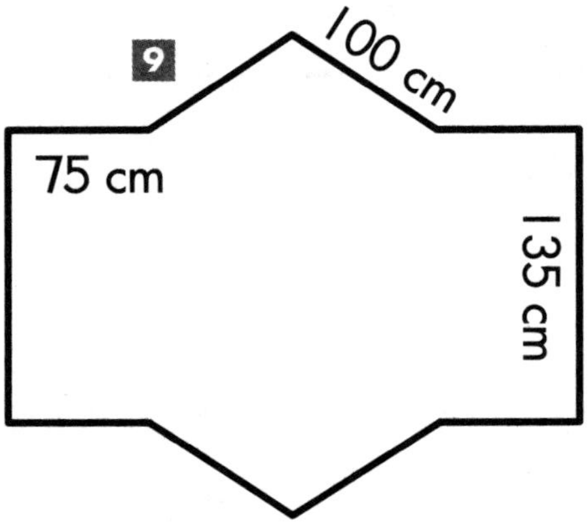

P Polygone convexe

Polygone convexe

Un polygone convexe est un polygone dont les segments qui relient deux de ses points sont situés à l'intérieur du polygone.

Exemples : 1)

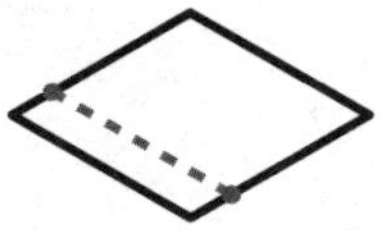

2)

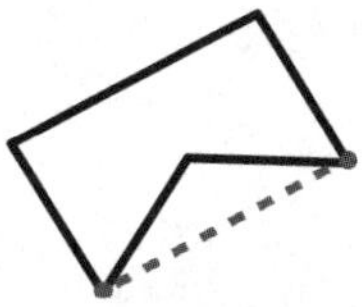

Observe bien ces vignettes, puis remplis le tableau.

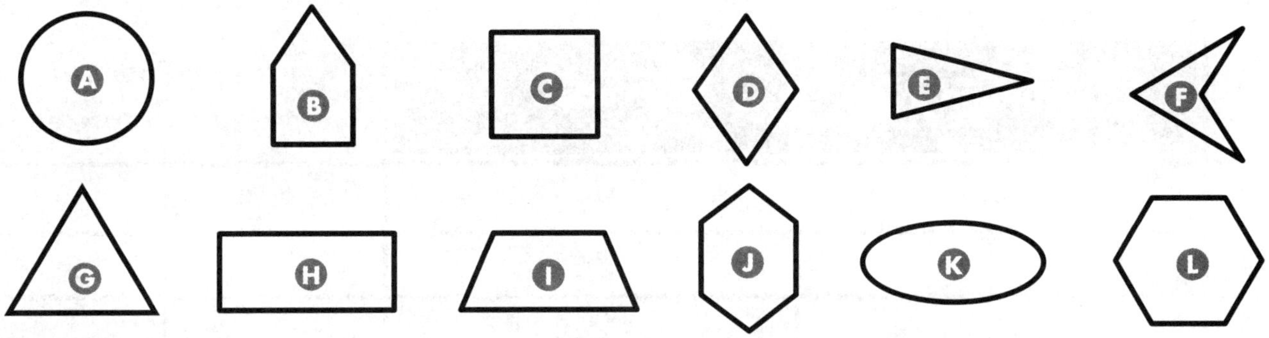

Vignette	Polygone : oui ou non ?	Nombre de côtés	Côtés isométriques oui ou non ?	Convexe ou non convexe
A				
B				
C				
D				
E				
F				
G				
H				
I				
J				
K				
L				

a b c d e f g h i j k l m n o p q r s t u v w x y z

Produit

Le produit est le résultat d'une multiplication.

Exemple : 3 × 7 = 21 (3 et 7 : Facteurs ; 21 : Produit)

Trouve les deux nombres dont la somme et le produit correspondent aux valeurs indiquées.

	Somme	Produit	À toi de trouver les deux nombres
A	14	49	et
B	12	36	et
C	10	24	et
D	15	54	et
E	10	25	et
F	12	27	et
G	18	81	et
H	10	16	et
I	11	30	et
J	8	16	et
K	15	56	et
L	16	63	et
M	16	64	et
N	20	100	et
O	13	42	et
P	9	20	et
Q	14	48	et
R	12	35	et
S	13	30	et

Trouver deux nombres dont la somme et le produit sont donnés. [Opérations]

Produit

Le produit est le résultat d'une multiplication. *Exemple :* 3 × 7 = 21

Facteurs (3, 7) — Produit (21)

http://webcec.ca/e89/

Voici un joli message. Pour le déchiffrer, trouve les produits du code secret.

A = 6 x 8		G = 6 x 6		M = 5 x 9		T = 8 x 7	
B = 5 x 5		H = 7 x 9		N = 4 x 7		U = 7 x 6	
C = 3 x 6		I = 4 x 8		O = 7 x 1		V = 8 x 8	
D = 7 x 3		J = 5 x 7		P = 6 x 9		W = 9 x 8	
E = 4 x 4		K = 4 x 6		Q = 3 x 2		X = 4 x 2	
F = 3 x 9		L = 7 x 7		R = 4 x 3		Y = 5 x 3	
				S = 9 x 9		Z = 6 x 5	

25 7 28 35 7 42 12 ! 56 42 48 81 25 16 48 42 18 7 42 54 21 16

___

56 48 49 16 28 56 16 28 45 48 56 63 16́ 45 48 56 32 6 42 16 .

___

35' 48 21 7 12 16 56 16 54 12 16́ 81 16 28 56 16 12 45 16 81

___

48 18 56 32 64 32 56 16́ 81 16 56 64 7 32 12 18 7 45 45 16 28 56

___

56 42 56 16 21 16́ 25 12 7 42 32 49 49 16 81 . 35 16 81 48 32 81

___

6 42 16 56 42 27 48 32 81 21 16 56 7 28 45 32 16 42 8 .

___

25 12 48 64 7 !

___

a b c d e f g h i j k l m n o p q r s t u v w x y z

Produit

Le produit est le résultat d'une multiplication. *Exemple :* 3 × 7 = 21

Facteurs (3, 7) — Produit (21)

http://webcec.ca/e89/

Écris les termes manquants dans les rayons des soleils. Les produits se trouvent dans les cercles.

1

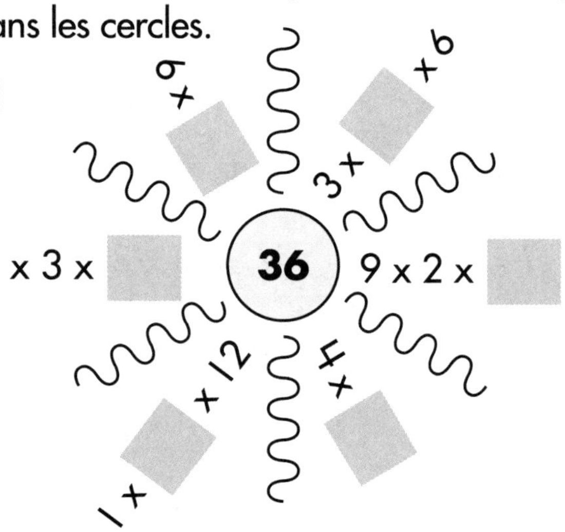

2

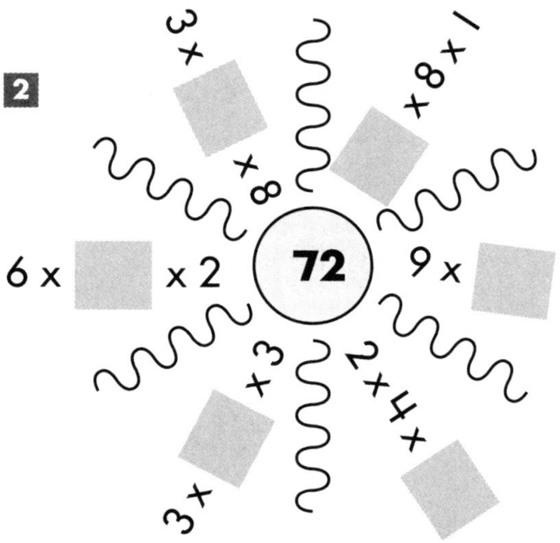

3

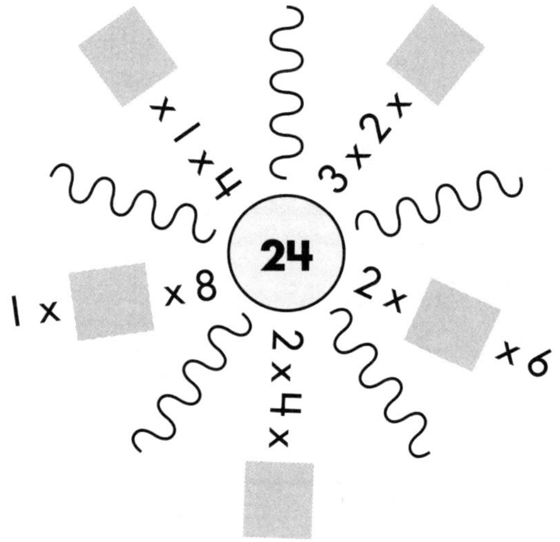

4

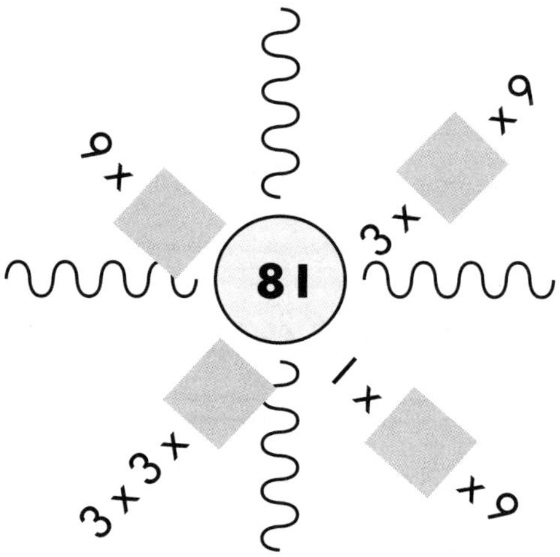

5

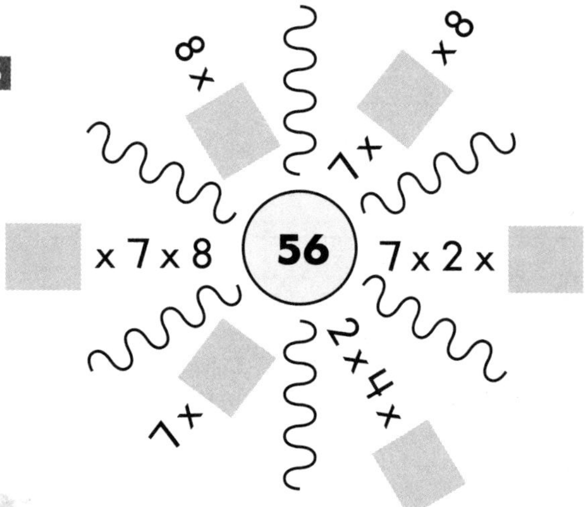

6

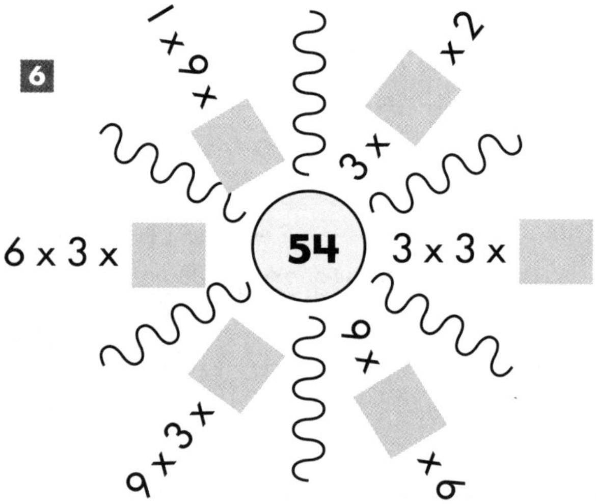

 Multiplier des nombres inférieurs à 100. [Opérations]

Q Quadrilatère

Quadrilatère

Un quadrilatère est un polygone à 4 côtés.

Exemples : 1) 2) 3) 4)

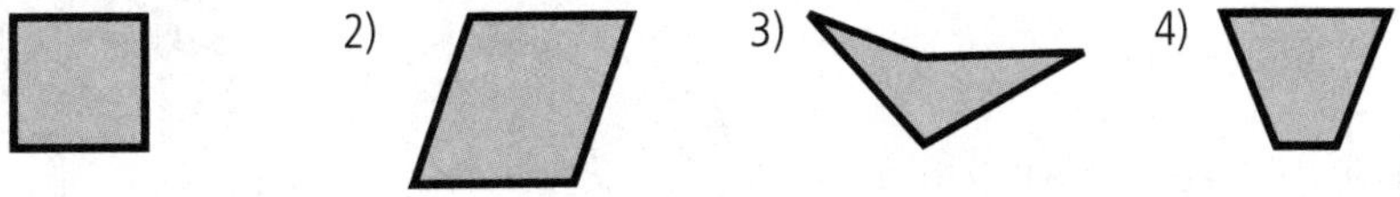

Classe les polygones suivants dans les ensembles qui conviennent.

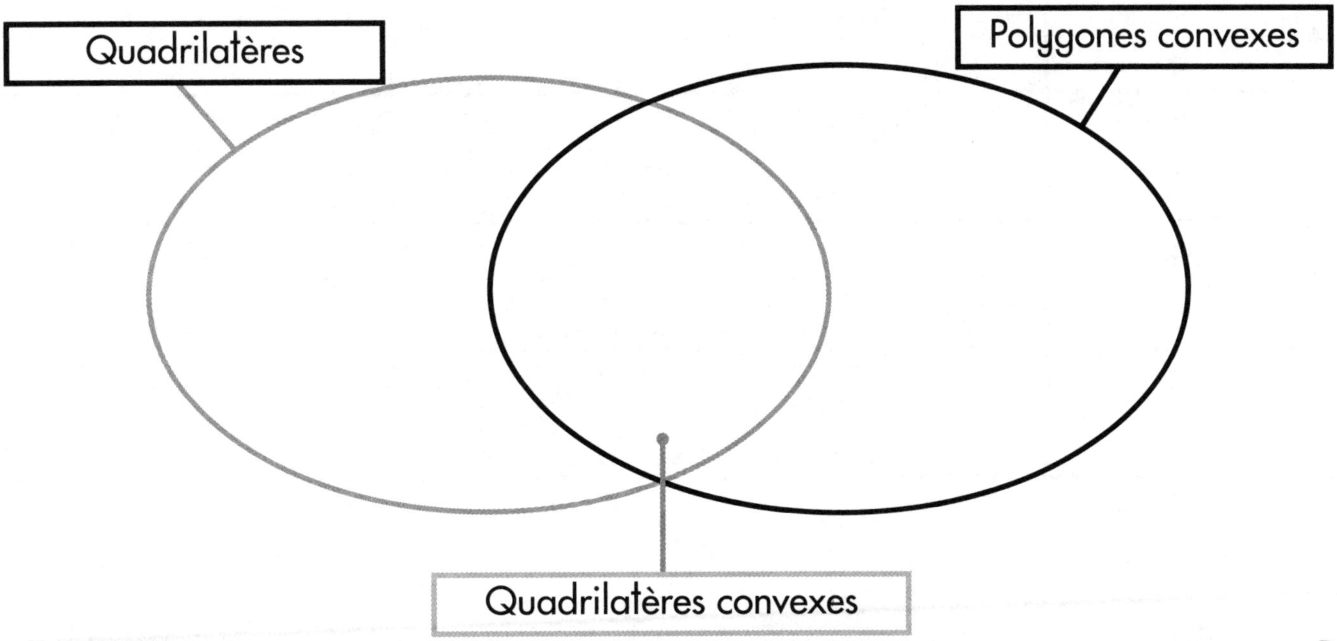

Quart

Symbole : $\frac{1}{4}$

Un quart est une partie d'un tout séparé en 4 parties égales.

Exemples : 1) La partie colorée représente un quart de rectangle.

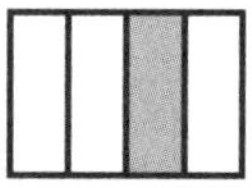

2) Les deux cœurs encerclés représentent un quart de l'ensemble des 8 cœurs.

http://webcec.ca/d82/

Colorie le nombre de pommes correspondant à la fraction indiquée.

Fraction		Pomme
1	$\frac{1}{3}$	
2	$\frac{5}{7}$	
3	$\frac{3}{4}$	
4	$\frac{1}{2}$	
5	$\frac{5}{6}$	
6	$\frac{3}{8}$	
7	$\frac{2}{3}$	
8	$\frac{4}{6}$	
9	$\frac{3}{7}$	

 Associer une fraction à une partie d'un ensemble. [Numération]

Quotient

Le quotient est le résultat d'une division.

Exemple : 24 ÷ 3 = 8

Dividende Diviseur Quotient

http://webcec.ca/e89/

Dans les carrés, entoure les nombres voisins dont le quotient est le nombre inscrit dans le bas de Noël. Tu peux utiliser plus d'une fois un même nombre. Le premier exercice a été fait pour toi.

A

7	1	17	4
6	9	3	6
2	13	27	8
15	5	40	24

B

42	6	3	36
7	2	47	6
12	16	1	8
18	3	4	13

C

36	12	17	28
9	24	3	7
14	11	6	5
4	1	16	3

D

7	14	19	10
16	41	18	5
8	33	9	26
24	12	6	1

E

45	10	2	35
18	9	7	8
13	25	6	30
3	11	5	1

F

40	19	4	32
5	16	2	15
6	3	9	72
24	11	8	1

G

36	24	42	6
9	1	3	21
2	31	7	55
14	40	5	49

H

10	90	63	7
27	36	5	16
3	2	9	1
5	6	18	81

Régularité

Une régularité est un lien additif (ou multiplicatif) entre les termes d'une suite.

Exemple : 12, 14, 16, 18, … (+2, +2, +2, +2)

La régularité de cette suite est +2.

http://webcec.ca/r62/

Trouve la règle de chaque suite, puis ajoute trois nombres à la suite.

	Suite	Règle
A	625, 615, 620, 610, 615, ___, ___, ___	
B	905, 910, 912, 917, 919, ___, ___, ___	
C	636, 737, 838, 939, 1040, ___, ___, ___	
D	482, 486, 484, 488, 486, ___, ___, ___	
E	56, 61, 67, 74, 82, 87, ___, ___, ___	
F	1 101, 1 201, 1 301, 1 401, 1 501, ___, ___, ___	
G	6 053, 6 058, 6 060, 6 065, 6 067, ___, ___, ___	
H	550, 525, 500, 475, 450, ___, ___, ___	
I	883, 884, 890, 891, 897, ___, ___, ___	
J	16 625, 15 625, 14 625, 13 625, ___, ___, ___	
K	130, 115, 120, 105, 110, ___, ___, ___	
L	4 027, 3 827, 3 627, 3 427, 3 227, ___, ___, ___	
M	668, 671, 675, 680, 683, ___, ___, ___	
N	116, 216, 416, 716, 816, ___, ___, ___	
O	1 705, 1 703, 1 701, 1 699, 1 697, ___, ___, ___	

Rechercher des régularités dans des suites de nombres. [Numération]

Régularité

Une régularité est un lien additif (ou multiplicatif) entre les termes d'une suite.

Exemple : +2 +2 +2 +2

12, 14, 16, 18, ...

La régularité de cette suite est +2.

http://webcec.ca/r62/

Voici une suite de nombres et sa règle. Invente à ton tour 10 suites de nombres. Demande à une personne de ton entourage de trouver les règles.

	Suite	Règle
	604 , 606 , 601 , 603 , 598	+2 , −5
1	, , , ,	
2	, , , ,	
3	, , , ,	
4	, , , ,	
5	, , , ,	
6	, , , ,	
7	, , , ,	
8	, , , ,	
9	, , , ,	
10	, , , ,	

Rechercher ou observer des régularités dans des suites de nombres. [Numération]

a b c d e f g h i j k l m n o p q r s t u v w x y z

Régularité

Une régularité est un lien additif (ou multiplicatif) entre les termes d'une suite.

Exemple : +2 +2 +2 +2

12, 14, 16, 18, ...

La régularité de cette suite est +2.

http://webcec.ca/r62/

Complète les suites.

A	830	835	833	838		
B	641	645	649	653		
C	500	496	501	497		
D	275	281	282	288		
E	301	308	315	322		
F	22	29	37	44		

Trouver les termes manquants dans une suite de nombres. [Numération]

a b c d e f g h i j k l m n o p q r s t u v w x y z

Résoudre un problème

Voici les étapes pour résoudre un problème mathématique :
1) Comprendre le problème et ce qui est demandé.
2) Illustrer le problème par un dessin, un schéma, etc.
3) Effectuer les calculs en utilisant du matériel, au besoin.
4) Vérifier la réponse.

Voici quelques problèmes sur le thème de Noël. Résous-les !

1 L'enseignante de Laurie a préparé 5 surprises pour chacun des 28 bas de Noël suspendus en classe. Combien de surprises a-t-elle préparées en tout ?

2 À Noël, 24 personnes iront souper chez Paul. Elles arriveront toutes par groupes de 4. Combien de groupes iront souper chez Paul ?

3 Dans une boutique de jouets, 5 clientes ont acheté 7 cadeaux chacune pour leurs enfants. Combien de cadeaux ces clientes ont-elles achetés en tout ?

4 Sous l'arbre de Noël, il y a 15 cadeaux déjà : 3 cadeaux ont un ruban bleu, 6 cadeaux ont un ruban vert et 4 en ont un rouge. Combien de cadeaux n'ont pas de ruban ?

5 Il y a 48 figurines dans le sapin : 15 soldats de bois, 3 rois mages, 7 poupées, 12 anges et des animaux multicolores. Combien y a-t-il d'animaux ?

6 Est-il possible de remplir également 6 bas de Noël avec 46 friandises ?

Pourquoi ?

Résoudre un problème

Voici les étapes pour résoudre un problème mathématique :

1) Comprendre le problème et ce qui est demandé.
2) Illustrer le problème par un dessin, un schéma, etc.
3) Effectuer les calculs en utilisant du matériel, au besoin.
4) Vérifier la réponse.

Résous ces problèmes.

1

Si Ali résout 6 problèmes en 6 minutes, combien de problèmes pourrait-il résoudre en 66 minutes ?

2

Dans la cour arrière d'un garage, il y a 12 motocyclettes et 5 automobiles d'occasion. Si 10 pneus sont crevés, combien de pneus sont en bon état ?

3

Julien a 36 ¢. Il en donne le tiers à sa sœur. Combien d'argent donne-t-il à sa sœur ?

4

Mon père a fait cuire une grande pizza. Il la découpe en 10 pointes. Si nous sommes 6 à partager la pizza, en aurons-nous 2 pointes chacun ?

Pourquoi ?

5

Marjorie parcourt un sentier de 13 km. Tous les 3 km, elle s'arrête pour boire un peu d'eau. Combien de fois s'est-elle arrêtée pour boire de l'eau durant sa randonnée ?

6

Dans ma famille, on lit beaucoup de livres. J'ai 50 petits romans. Ma petite sœur en a deux fois moins. Combien ma sœur a-t-elle de romans ?

Résoudre un problème

Voici les étapes pour résoudre un problème mathématique :

1) Comprendre le problème et ce qui est demandé.
2) Illustrer le problème par un dessin, un schéma, etc.
3) Effectuer les calculs en utilisant du matériel, au besoin.
4) Vérifier la réponse.

Résous les problèmes suivants.

A Une sortie à la cabane à sucre coûte 5 $. Si 28 élèves participent à la sortie, quel est le coût total ?

B 

Ma mère a planté une centaine de bulbes de tulipes. Une trentaine de bulbes ont déjà produit des fleurs. Combien de dizaines de bulbes n'ont pas encore produit de fleurs ?

C Cette année, 6 500 personnes ont vu le spectacle du cirque Crocus. Si, chaque année, il y a 1 000 spectateurs de plus, combien y aura-t-il de spectateurs dans 10 ans ?

D 

Mon frère a mangé le tiers de la pizza faite par mon père. Ma sœur en a mangé 2 pointes ; ma mère en a mangé 1 et moi, le reste. Combien ai-je mangé de pointes, s'il y avait 9 pointes en tout ?

E À un examen, j'ai eu 9 bonnes réponses sur 15. Mon ami Julien a fait 2 fautes de moins que moi et Sophie, 3 fautes de moins que Julien. Combien de bonnes réponses Sophie a-t-elle obtenues à son examen ?

F 

Un raton laveur fait une randonnée de 4 km le lundi, 2 km le mardi et 3 km le mercredi. Combien de mètres le raton laveur a-t-il parcourus en tout ?

a b c d e f g h i j k l m n o p q r s t u v w x y z

Solides (catégorie)

Il y a deux catégories de solides : les corps ronds et les polyèdres.

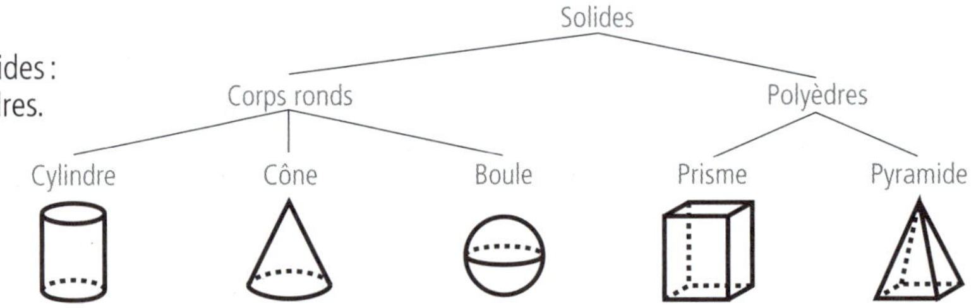

http://webcec.ca/p38/

Décris les solides du tableau.

	SOLIDE	Nom du solide	Nombre de faces	Nombre de sommets	Nombre d'arêtes	Polyèdre : oui ou non ?
1		cube	6	8	12	Oui
2	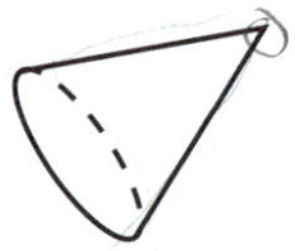	Cône	1	1	4	Non
3	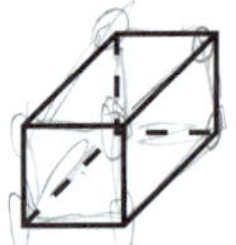	Prisme Rectangulaire	6	8	12	Oui
4		Pyramide base triangulaire ~~Triangle~~	5	5	8	Oui
5		Boule	1	-	-	Non
6		prisme Rectangulaire	5	6	9	Oui
7		Cylindre	3	-	6	Non
8	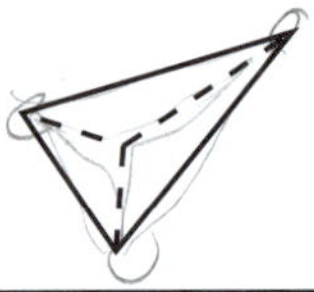	Triangulaire pyramide base	4	4	6	Oui

Classer des solides d'après certaines propriétés. [Géométrie]

Sommet

Dans un polyèdre, un sommet est le point commun à au moins deux arêtes. On appelle aussi *apex* le sommet d'une pyramide ou d'un cône. *Exemples :* 1)

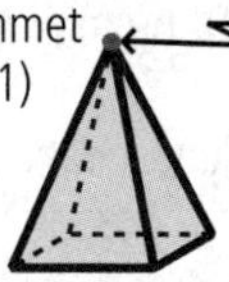

2)

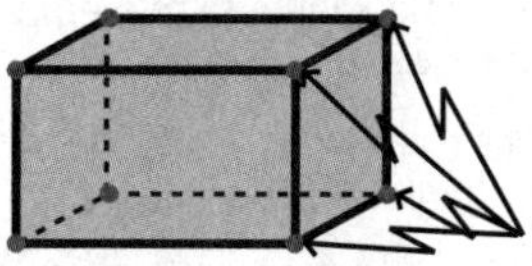

http://webcec.ca/p38/

Voici des bonbons à la menthe qui ont la forme de solides que tu connais. Écris sur chaque étiquette la lettre du solide qui correspond à la description.

A
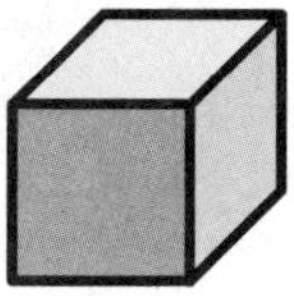

B

C
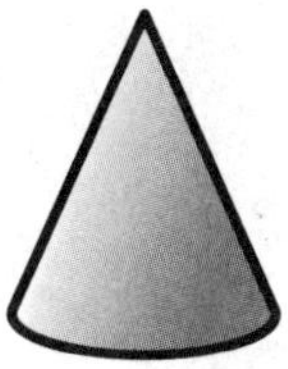

D
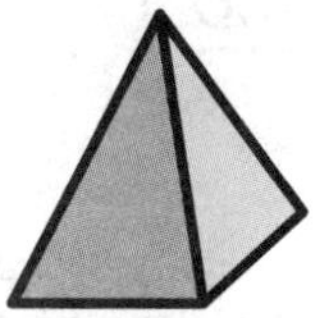

E

F

G
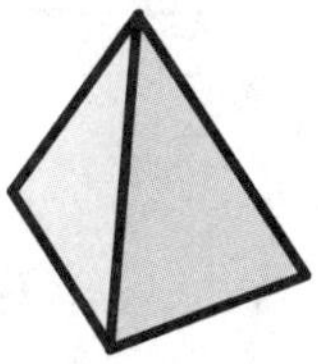

H

I
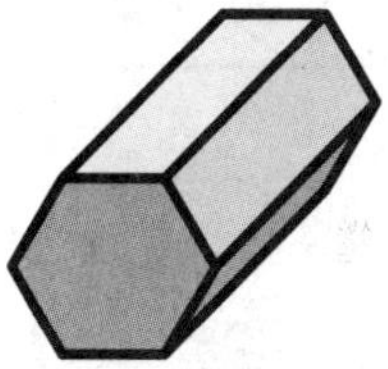

J
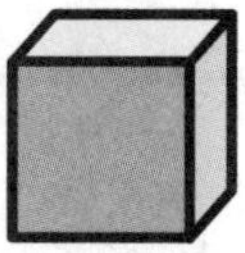

K

L
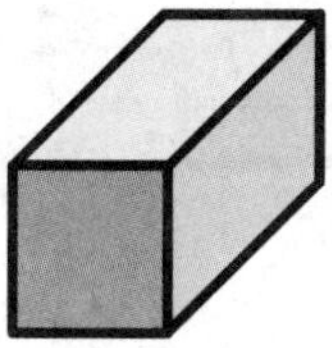

1 5 faces
5 sommets
8 arêtes

2 7 faces
10 sommets
15 arêtes

3 5 faces
6 sommets
9 arêtes

4 4 faces
4 sommets
6 arêtes

5 8 faces
12 sommets
18 arêtes

6 6 faces
8 sommets
12 arêtes

Soustraire des nombres avec emprunt

Exemple :

	m	c	d	u
	4	①	4	①
	~~5~~	7	~~5~~	2
−	3	8	0	7
	1	9	4	5

1. Si le chiffre des unités du premier terme est plus petit que le chiffre des unités du deuxième terme, emprunte une dizaine au premier terme et ajoute-la à ses unités.
   Soustrais les chiffres de la colonne des unités et reporte le résultat au-dessous de la barre.
2. Reprends l'étape 1 pour la position des dizaines, et ainsi de suite (en empruntant, s'il y a lieu). S'il y a eu un emprunt à l'étape précédente, il faut considérer le nouveau chiffre à la position des dizaines.

http://webcec.ca/y48/

Calcule les différences.

8546 − 2327 =

3728 − 1199 =

6494 − 3285 =

9023 − 5137 =

7355 − 2467 =

5981 − 2932 =

4620 − 1138 =

8931 − 6147 =

3624 − 1506 =

7335 − 2207 =

5296 − 1107 =

1876 − 1328 =

6785 − 3216 =

5418 − 3309 =

8446 − 3179 =

4392 − 2184 =

5965 − 2379 =

3721 − 1835 =

2987 − 1269 =

6501 − 4137 =

7783 − 5674 =

4900 − 2715 =

 Trouver la différence entre deux nombres inférieurs à 10 000. [Opérations]

Soustraire des nombres avec emprunt

Exemple :

	m	c	d	u
	4	①	4	①
	~~5~~	7	~~5~~	2
−	3	8	0	7
	1	9	4	5

1. Si le chiffre des unités du premier terme est plus petit que le chiffre des unités du deuxième terme, emprunte une dizaine au premier terme et ajoute-la à ses unités.

   Soustrais les chiffres de la colonne des unités et reporte le résultat au-dessous de la barre.
2. Reprends l'étape 1 pour la position des dizaines, et ainsi de suite (en empruntant, s'il y a lieu). S'il y a eu un emprunt à l'étape précédente, il faut considérer le nouveau chiffre à la position des dizaines.

http://webcec.ca/y48/

Effectue les soustractions.

1
69 543
− 13 875

2
87 021
− 31 692

3
70 562
− 29 124

4
92 638
− 33 749

5
98 806
− 52 197

6
49 475
− 11 287

7
63 748
− 21 219

8
84 113
− 35 462

9
78 523
− 44 947

10
65 423
− 12 345

11
36 623
− 17 414

12
90 000
− 68 733

13
75 784
− 23 265

14
81 369
− 36 785

15
47 851
− 21 967

Effectuer des soustractions dont le premier terme est inférieur à 100 000. [Opérations]

Terme manquant

Un terme manquant est un terme absent dans une égalité.

Exemple : Dans l'égalité 6 – ☐ = 10, le terme manquant est 4.

↑ Terme manquant

Riki est à la recherche de sa collation.

Pour l'obtenir, il doit franchir ce chemin d'opérations. Écris les termes manquants.

Riki 46 x 21 = ☐ + 5 = 971 – ☐ = 948 ÷ 4 = ☐ + ☐

= 10 000 – 17 007 = ☐ + ☐ = 2 x 687 = ☐ + 8

= ☐ ÷ ☐ = 1403 x 4 = ☐ + ☐ = 8866 ÷ 2 =

☐ + ☐ = 10 x 4400 = ☐ – ☐

85 000 = ... – 17 899 =

☐ – ☐ = 2000 x 4 = ☐

Trouver les termes manquants dans des additions, des soustractions, des multiplications et des divisions. [Opérations]

Terme manquant

Un terme manquant est un terme absent dans une égalité.

Exemple : Dans l'égalité 6 − ☐ = 10, le terme manquant est 4.

Terme manquant

Complète les grilles suivantes.

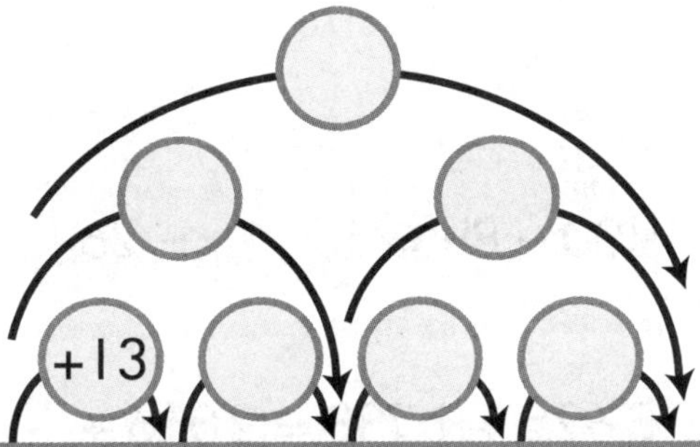

A

39		46		
86		93		
121		128		
245			257	278
82				
618			630	
117				150
306		313		

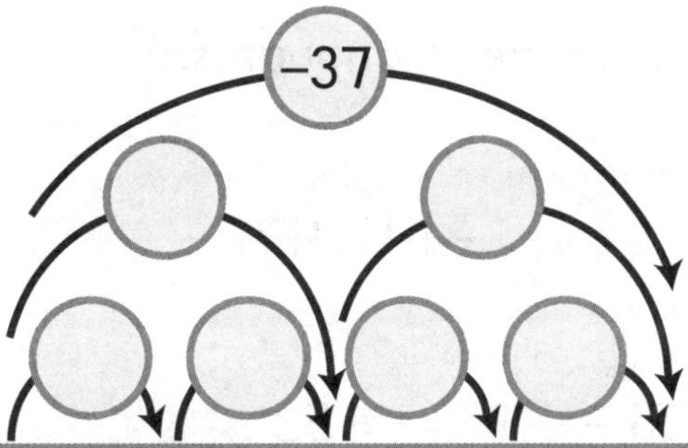

B

90		116		
	154		129	
38	57			
115				
77		103		40
323	342			
108				
466			460	
				49
				133

a b c d e f g h i j k l m n o p q r s t u v w x y z

Terme manquant

Un terme manquant est un terme absent dans une égalité.

Exemple : Dans l'égalité 6 − ☐ = 10, le terme manquant est 4.

(flèche vers ☐ : Terme manquant)

Écris les termes manquants.

A) ____ − 14 = 49

B) 78 − ____ = 53

C) 92 + 49 = ____

D) ____ − 13 = 71 + 41

E) 625 + 86 = ____ − 27

F) 64 + ____ = 318 − 102

G) 88 + 154 = 101 + ____

H) 468 + ____ = 900 − 69

I) 321 + 73 = ____ + 270

J) 5 + ____ + 7 = 100 − 40 − 20

K) 400 − 84 = ____ − 26

L) 3 625 + 1 738 = 2 066 + ____

M) 7 139 − 2 543 = ____ + 3 987

N) ____ − 1 026 = 4 260 + 1 339

O) 50 + 60 + 8 = 39 + ____ + 28

P) 4 262 + 659 = 6 846 − ____

Q) 86 + ____ = 300 − 65

R) 10 + 30 + 40 + 2 = 50 + ____

S) 699 − 208 = ____ + 136

T) 8 738 − ____ = 1 553 + 4 990

Trouver les termes manquants dans des additions et des soustractions. [Opérations]

Tiers

Symbole : $\frac{1}{3}$

Un tiers est une des parties d'un tout séparé en trois parties égales. *Exemples :*

1) La partie colorée représente un tiers de rectangle.

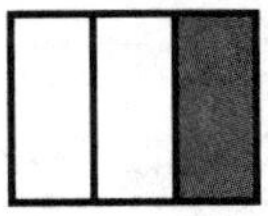

2) Les deux cœurs encerclés représentent un tiers de l'ensemble des 6 cœurs.

http://webcec.ca/d82/

Voici le menu offert à la cafétéria de l'école aujourd'hui.

REPAS COMPLET

- 2 tranches de veau ou 1 cuisse de poulet
- $\frac{1}{2}$ tasse de riz blanc
- 5 petites carottes
- 1 petit pain
- $\frac{1}{3}$ de concombre
- 1 morceau de gâteau ou 2 clémentines
- 1 verre de lait (250 ml)

1 Le cuisinier a fait 6 gâteaux. Chacun contient 15 morceaux. Si 85 élèves choisissent le gâteau, y en aura-t-il suffisamment ?

____

2 Si l'on a acheté 30 concombres et que 95 élèves en veulent, y en aura-t-il assez pour tout le monde ?

____

3 Il y a 124 élèves qui ont choisi le poulet. Deux fois moins d'élèves ont choisi le veau. Combien de tranches de veau a-t-on servies ?

____

4 Combien de tasses de riz le cuisinier doit-il prévoir pour 96 élèves ?

____

5 S'il faut 1 litre de lait pour 4 élèves, combien de litres faut-il pour 160 élèves ?

____

6 Le cuisinier a acheté 3 caisses de clémentines. Chaque caisse contient 48 clémentines. Si 70 élèves choisissent les clémentines, combien en restera-t-il ?

____

Total
Un total est la somme ou la réunion de nombres.
Exemples :
1) Le total des distances à parcourir est de 54 km.
2) Le total des âges des élèves de la classe est de 261 ans.

1 Remplis les cases vides de façon que le total de chaque rangée, de chaque colonne et des deux diagonales soit 70.

Nombres à placer dans la grille

8, 10, 12, 18, 19,
20, 22, 27, 31, 34

3			15	→ 70
			11	→ 70
		16	13	→ 70
21				→ 70
↓ 70	↓ 70	↓ 70	↓ 70	

Diagonales : ↙ 70 ↘ 70

2 Trace cinq X de façon à obtenir un total de 100.

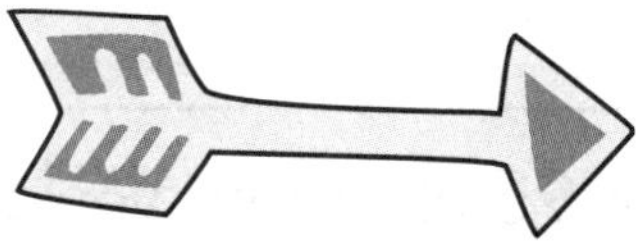

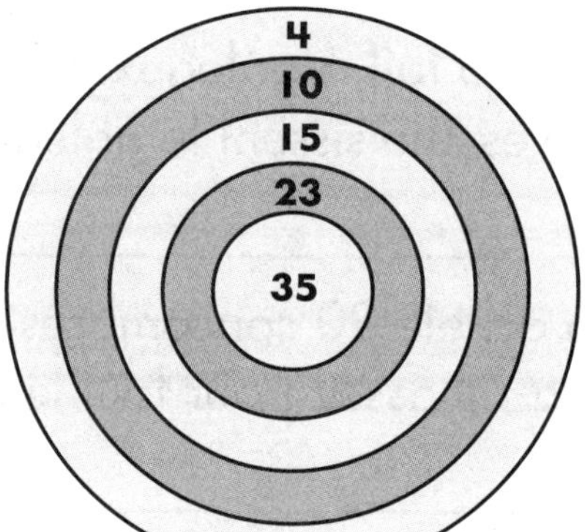

3 Quel chiffre se répète le plus souvent ?

2 4 6 9 4 4 4 9 9 7 2
5 7 3 5 2 9
7 3 5 7 5 2 4 9 3
2 2 1 5 5 6 9 4 6
6 4 7 9 2 7 6 6
6 3 4 7 5 3 6 2
8 7 1 3 2 9 3 7 7 5 7

T Trapèze

Trapèze

Un trapèze est un quadrilatère qui a au moins deux côtés parallèles. *Exemple :*

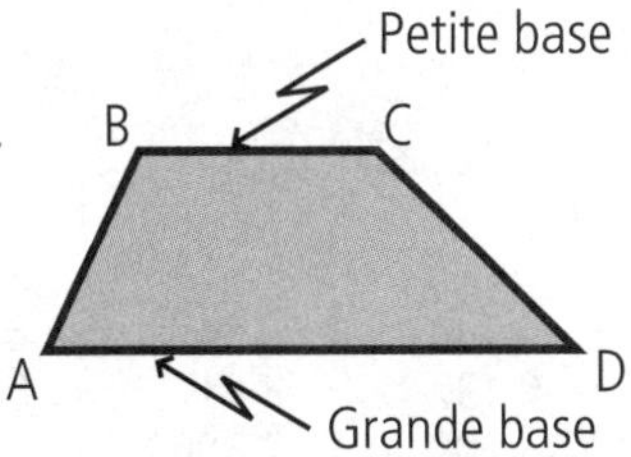

À quoi pourrait bien ressembler une ville entièrement composée de figures géométriques ? Dessine cette ville en utilisant les figures suivantes :

- Des carrés jaunes
- Des trapèzes orange
- Des rectangles bleus
- Des triangles isocèles rouges
- Des losanges verts
- Des triangles rectangles noirs
- Des parallélogrammes violets
- Des triangles équilatéraux roses

Corrigé

Page 5

Le nombre à découvrir : 26

Page 6

1. 4 180 2. 7 849 3. 9 281 4. 5 840 5. 6 765
6. 7 284 7. 9 063 8. 9 132 9. 8 812 10. 8 563
11. 4 038 12. 1 384 13. 3 909 14. 2 856 15. 3 579
16. 1 906 17. 5 328 18. 6 488 19. 3 305 20. 3 687

Page 7

1. 90 230 2. 87 281 3. 88 402 4. 89 324
5. 79 883 6. 90 220 7. 85 550 8. 82 005
9. 97 163 10. 76 491 11. 86 255 12. 73 540
Des bananes

Page 8

A) 9841 B) 1794 C) 1200 D) 26 584
E) 8028 F) 8 G) 60 609 H) 1160

Page 9

1. 43 668 2. 56 603 3. 58 984 4. 66 150
5. 78 023 6. 50 450 7. 63 434 8. 68 891
9. 92 749 10. 73 700 11. 75 323 12. 97 720
13. 56 647 14. 72 704 15. 52 942 16. 68 045

Page 10

Le nombre est 320

Page 11

1. 94 404 2. 94 223 3. 91 134 4. 81 008
5. 88 431 6. 88 664 7. 84 412 8. 99 510
9. 59 338 10. 74 996 11. 66 959 12. 86 050
13. 64 436 14. 84 765 15. 97 260 16. 87 861

Page 12

1. 390 2. 21 3. 105
4. Salon : 105 Salle à manger : 60
Chambre des parents : 90 Chambre de Noah : 36
Cuisine : 78 Salle de bain : 21
5. Salon : Mauve Salle à manger : Rouge
Chambre des parents : Orange Chambre de Noah : Vert
Cuisine : Bleu Salle de bain : Jaune

Page 13

A) 105 m^2 B) 91 m^2 C) 59 m^2 D) 85 m^2

Page 14

1. A) 11 cm^2 B) 18 cm^2 C) 7 cm^2 D) 37 cm^2 E) 1 cm^2
2. Réponses variées

Page 15

1. 41 cm^2 2. 46 cm^2 3. 56 cm^2
4. 62 cm^2 5. 30 cm^2 6. 45 cm^2

Page 16

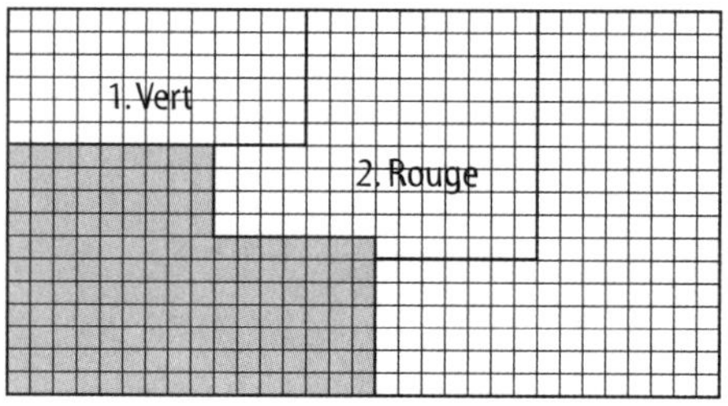

3. 148 4. 178 5. 527

Page 17

Polygone	Nombre de côtés	Nombre de sommets	Nombre d'angles droits	Nombre d'angles aigus	Nombre d'angles obtus	Non convexe	Convexe
1.	4	4	4	–	–	–	X
2.	3	3	1	2	–	–	X
3.	4	4	–	2	2	–	X
4.	5	5	3	1	1	X	–
5.	5	5	3	–	2	–	X
6.	4	4	–	2	2	–	X
7.	4	4	–	3	1	X	–
8.	4	4	2	1	1	–	X
9.	4	4	–	2	2	–	X

Page 18

A) plus petit B) angle droit C) plus petit D) plus grand
E) angle droit F) plus petit G) angle droit

Page 19

Aucun angle droit	1 angle droit	2 angles droits	3 angles droits	4 angles droits
B D G J N	F H	A K	I L	C E M O

Page 20

1. Pyramide à base carrée 2. Cône 3. Cylindre
4. Prisme triangulaire 5. Prisme rectangulaire
6. Pyramide à base triangulaire

Page 21

1.

Moment de la journée	Lundi	Mardi	Mercredi	Jeudi	Vendredi	Samedi	Dimanche	Total
Matin	108	75	**114**	231	82	126	98	**834**
Midi	**177**	206	73	145	109	200	122	1032
Soir	221	59	101	167	**213**	198	103	**1062**
Total	506	**340**	288	**543**	404	**524**	**323**	**2928**

2. Mercredi ; 218 3. 1062 personnes 4. 2928 personnes
5. Lundi : 500 Jeudi : 500 Samedi : 500
Mardi : 300 Vendredi : 400 Dimanche : 300
Mercredi : 300
6. 847 personnes

Page 22

1. A) 150 B) 230 C) 610 D) 230 E) 420
F) 370 G) 570 H) 860 I) 710 J) 910
K) 690 L) 270

Page 22 (*suite*)

2. A) 300 B) 400 C) 400 D) 100 E) 900
   F) 700 G) 300 H) 500 I) 600 J) 900
   K) 500 L) 800
3. A) 9000 B) 5000 C) 8000 D) 7000 E) 9000
   F) 4000 G) 9000 H) 6000 I) 4000 J) 2000
   K) 8000 L) 4000
4. A) 40 000 B) 50 000 C) 80 000 D) 10 000 E) 60 000
   F) 20 000 G) 70 000 H) 60 000 I) 30 000 J) 70 000
   K) 90 000 L) 60 000

Page 23

5183, 3422, 4535, 5586, 9418, 2689, 9604, 7680, 3212, 6203
6325, 9006, 7279, 6555, 1634, 5402, 8378, 1233, 8836, 9802
6338, 2629, 5623, 9042, 1470, 5640

Page 24

1. 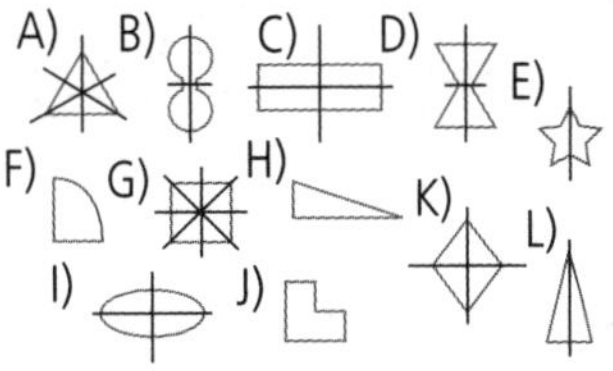
2. O axe : F, H, J
   1 axe : E, L
   2 axes : B, C, D, I, K
   3 axes : A
   4 axes : G
3. G ; 4
4. B, F, I
5. E ; 10

Page 25

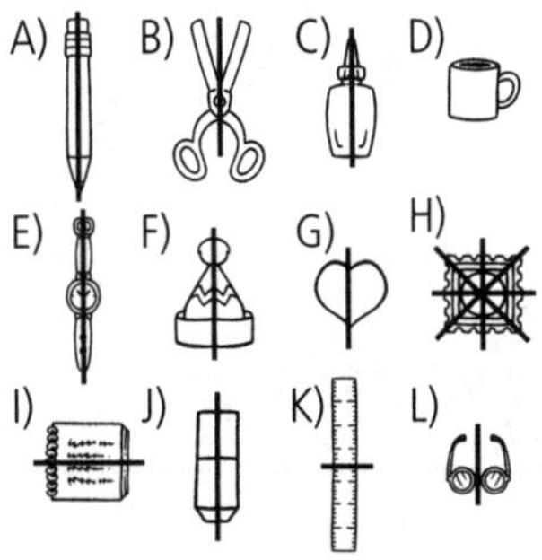

Page 26

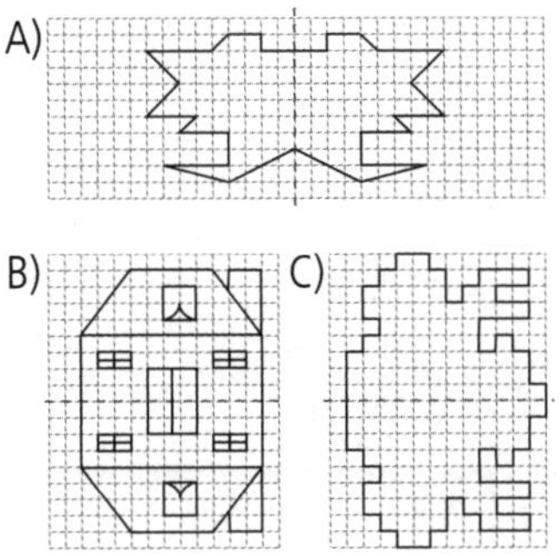

Page 27

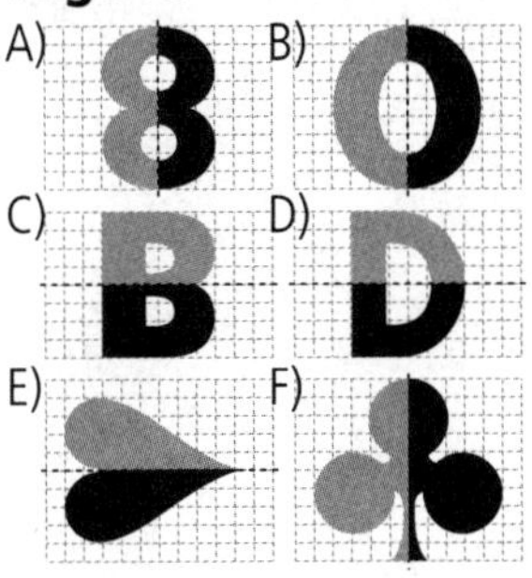

Page 28

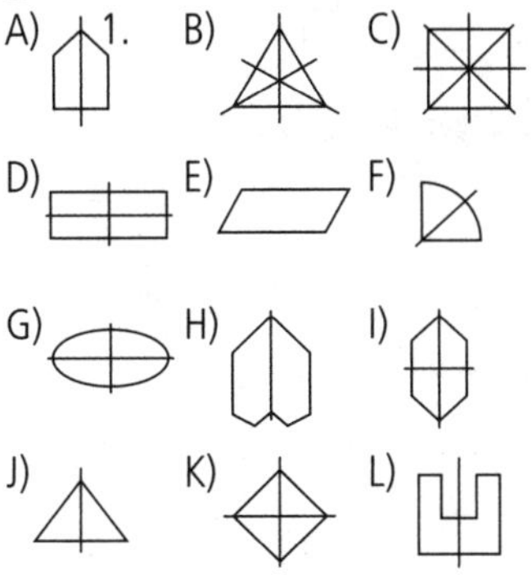

2. Aucun axe de symétrie : E
   1 axe de symétrie : A, F, H, J, L
   2 axes de symétrie : D, G, I, K
   3 axes de symétrie : B
   4 axes de symétrie et + : C

Page 29

1. 10 2. 8 3. 4 4. 2 5. 12

Page 30

A) 25 cm^2 B) 14 cm^2 C) 11 cm^2
D) 15 cm^2 E) 7 cm^2 F) 8 cm^2

Page 31

	m	dm	cm	mm
A)	1	10	100	1000
B)	2	20	200	2000
C)	4	40	400	4000
D)	3	30	300	3000
E)	6	60	600	6000
F)	9	90	900	9000
G)	5	50	500	5000
H)	7	70	700	7000
I)	8	80	800	8000

2. Plus longue : 5 m ;
   Plus courte : 2 mm

Page 32

1. 19 cm
2. 29 cm
3. 41 cm
4. 34 cm

Glissade	cm	mm
1.	19	190
2.	29	290
3.	41	410
4.	34	340

Page 33

1. (I, 4)
2. Le centre de la boucle
3. (A, 3)
4. (E, 2), (D, 3), (D, 5), (E, 6), (F, 7), (G, 8), (H, 7), (I, 6), (J, 5)
5. Un triangle

Page 34

1. 486 élèves, 24 × 20 = 480 (ou 20 × 24 = 480), 480 + 6 = 480
2. 400 + 80 + 6
3. 48 groupements
4. Autant, il y a 243 garçons et 243 filles.

Page 35

	Nombre	Valeur de position dm	m	c	d	u	Décomposition A	Décomposition B
1.	23 621	2	3	6	2	1	20 000 + 3 000 + 600 + 20 + 1	23 000 + 600 + 10 + 10 + 1
2.	45 067	4	5		6	7	20 000 + 20 000 + 5 000 + 60 + 7	40 000 + 5 000 + 30 + 30 + 7
3.	19 649	1	9	6	4	9	10 000 + 9 000 + 600 + 40 + 9	19 000 + 600 + 20 + 20 + 9
4.	78 235	7	8	2	3	5	70 000 + 8 000 + 200 + 30 + 5	78 000 + 200 + 15 + 15 + 5
5.	46 156	4	6	1	5	6	40 000 + 6 000 + 100 + 50 + 6	46 000 + 100 + 25 + 25 + 6
6.	65 372	6	5	3	7	2	60 000 + 5 000 + 300 + 70 + 2	65 000 + 300 + 30 + 40 + 2
7.	72 411	7	2	4	1	1	70 000 + 2 000 + 400 + 10 + 1	72 000 + 200 + 200 + 11
8.	93 728	9	3	7	2	8	93 000 + 700 + 20 + 8	90 000 + 3 000 + 700 + 10 + 10 + 8
9.	12 563	1	2	5	6	3	10 000 + 2 000 + 500 + 60 + 2 + 1	12 000 + 500 + 30 + 30 + 3
10.	59 884	5	9	8	8	4	59 000 + 800 + 80 + 4	50 000 + 9 000 + 800 + 80 + 4
11.	37 517	3	7	5	1	7	37 000 + 500 + 10 + 7	30 000 + 7 000 + 500 + 10 + 7
12.	89 102	8	9	1		2	89 000 + 100 + 2	80 000 + 9 000 + 100 + 1 + 1
13.	42 445	4	2	4	4	5	42 000 + 400 + 40 + 5	40 000 + 2 000 + 400 + 20 + 20 + 5

Page 36

1. A) 23 262 B) 70 158 C) 55 346
2. Réponses variées.

Corrigé

Page 37

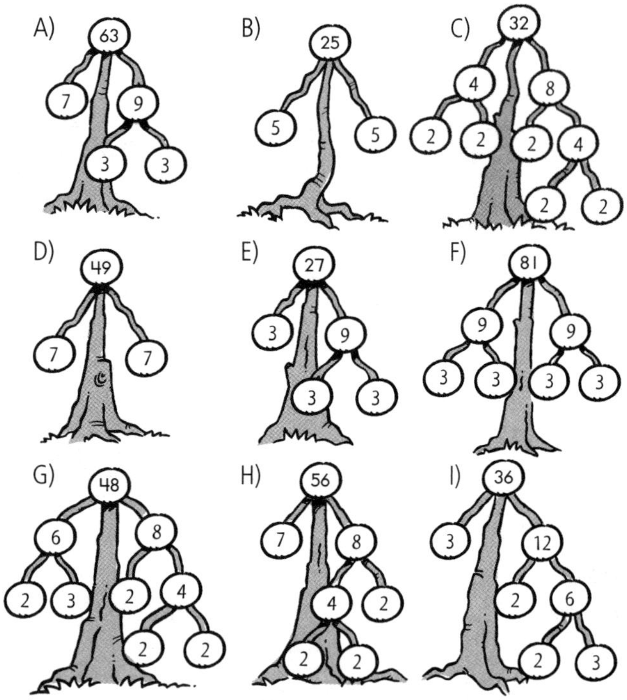

Page 38

1. 12 2. 500 points 3. 8
4. 2 et 9 5. 350 points 6. 1275 points

Page 39

A) 56	B) 87	C) 89	D) 93	E) 112
F) 111	G) 68	H) 128	I) 73	J) 137
K) 34	L) 123	M) 77	N) 85	O) 143
P) 300	Q) 140	R) 45	S) 73	T) 119

Page 40

A) 16	B) 27	C) 22	D) 19	E) 23
F) 18	G) 28	H) 24	I) 15	J) 21
K) 17	L) 25	M) 20	N) 46	O) 23
P) 26	Q) 22	R) 47	S) 28	T) 30

Page 41

1. $5 \times 7 = 35, 7 \times 5 = 35, 35 \div 5 = 7, 35 \div 7 = 5$
2. $3 \times 9 = 27, 9 \times 3 = 27, 27 \div 3 = 9, 27 \div 9 = 3$
3. $7 \times 8 = 56, 8 \times 7 = 56, 56 \div 7 = 8, 56 \div 8 = 7$
4. $4 \times 8 = 32, 8 \times 4 = 32, 32 \div 4 = 8, 32 \div 8 = 4$
5. $6 \times 7 = 42, 7 \times 6 = 42, 42 \div 6 = 7, 42 \div 7 = 6$
6. $6 \times 9 = 54, 9 \times 6 = 54, 54 \div 6 = 9, 54 \div 9 = 6$
7. $3 \times 8 = 24, 8 \times 3 = 24, 24 \div 3 = 8, 24 \div 8 = 3$
8. $9 \times 9 = 81, 81 \div 9 = 9$
9. $9 \times 8 = 72, 8 \times 9 = 72, 72 \div 9 = 8, 72 \div 8 = 9$

Page 42

1. 100; 10×10 2. 50 3. 25
4. 50 5. 75
6. Non; Il faudrait plus d'une feuille d'autocollants.

Page 43

1. A) 8000 B) 20 C) 50 000
   D) 100 E) 70 000 F) 8
   G) 30 000 H) 9000 I) 600
   J) 80 000
2. A) 70 000 B) 40 000 C) 60 000
   D) 90 000 E) 30 000 F) 60 000
   G) 30 000 H) 70 000 I) 10 000
   J) 60 000
3. A) 4000 + 600 + 70 + 9
   B) 10 000 + 8000 + 500 + 20 + 6
   C) 80 000 + 3000 + 200 + 30 + 1
   D) 70 000 + 8000 + 500 + 10 + 3
   E) 20 000 + 6000 + 100 + 20 + 8
   F) 30 000 + 9000 + 400 + 90 + 5

Page 44

1. 27 élèves 2. 9 groupes de 3 ou 3 groupes de 9
3. Sophie 4. Sabrina 5. 108 pattes
6. Kim, Mahée, Kjetil, Marimot, Frédéric 7. 54 crayons

Page 45

Les estimations varieront.
A) 140 mm B) 55 mm C) 90 mm
D) 110 mm E) 90 mm

Page 46

1.	2.	3.	4.	5.	6.	7.	8.	9.
D	I	H	F	A	C	G	B	E

Page 47

1. 1, 2, 3, 4, 6, 12 2. 1, 2, 3, 6, 9, 18 3. 1, 5, 7, 35
4. 1, 2, 3, 4, 6, 8, 12, 24 5. 1, 2, 3, 4, 6, 9, 12, 18, 36
6. 1, 2, 4, 5, 8, 10, 20, 40 7. 1, 2, 4, 7, 8, 14, 28, 56
8. 1, 3, 5, 15 9. 1, 2, 4, 7, 14, 28

Page 48

1. 50 bourgeons 2. 30 millilitres d'eau
3. 250 boîtes 4. Sophie : 10 ans ; Olivier : 15 ans
5. 10 autocollants

Page 49

1. $\frac{3}{4}$ 2. $\frac{5}{8}$ 3. $\frac{1}{4}$ 4. $\frac{1}{3}$ 5. $\frac{5}{14}$ 6. $\frac{1}{2}$
7. $\frac{1}{4}$ 8. $\frac{2}{4}$ 9. $\frac{5}{16}$ 10. $\frac{1}{12}$ 11. $\frac{1}{2}$ 12. $\frac{3}{8}$

Page 50

1. $\frac{1}{3}$ 2. $\frac{2}{6}$ 3. $\frac{1}{4}$ 4. $\frac{5}{7}$
5. $\frac{3}{6}$ 6. $\frac{2}{5}$ 7. $\frac{3}{4}$ 8. $\frac{1}{2}$
9. $\frac{2}{3}$ 10. $\frac{1}{8}$ 11. $\frac{5}{9}$ 12. $\frac{2}{9}$
13. $\frac{3}{12}$ 14. $\frac{3}{5}$ 15. $\frac{1}{10}$ 16. $\frac{4}{7}$

Page 51

1. A) $\frac{1}{2}, \frac{7}{8}, \frac{1}{3}, \frac{2}{5}, \frac{5}{12}$ B) $\frac{7}{3}, \frac{5}{6}$ C) $\frac{2}{6}, \frac{3}{7}, \frac{4}{10}$
   D) $\frac{5}{9}, \frac{3}{5}, \frac{4}{8}$ E) $\frac{3}{7}, \frac{1}{3}, \frac{3}{9}$ F) $\frac{1}{2}, \frac{5}{9}, \frac{2}{3}, \frac{7}{8}, \frac{4}{12}$
2. A) < B) = C) > D) = E) > F) <
   G) = H) < I) < J) > K) > L) <
   M) < N) = O) < P) > Q) < R) <
   S) > T) =

Page 52

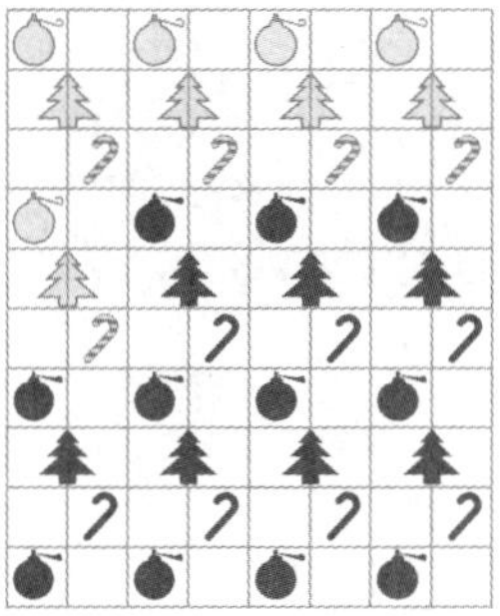

Page 53

A) 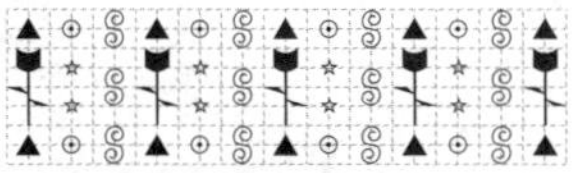

B) 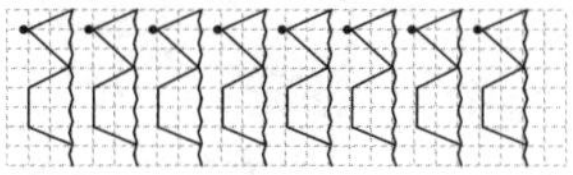

C) 

Page 54

B et G

Page 55

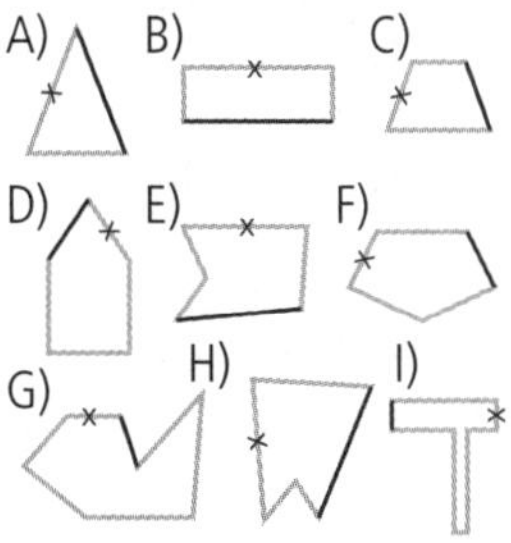

Page 56

	Fermé	Non fermé	Simple	Non simple	Brisé	Non brisé
1.	X			X		X
2.		X	X		X	
3.		X	X			X
4.	X		X		X	
5.	X		X	X		
6.		X	X	X		
7.		X	X			X
8.		X	X		X	
9.	X		X			X
10.	X		X		X	

Page 57

1. C ; 10 cm
2. A) 8 cm – 80 mm B) 4 cm – 40 mm
   C) 10 cm – 100 mm D) 2 cm – 20 mm
   E) 6 cm – 60 mm F) 5 cm – 50 mm
3. 35 cm
4. A) < B) > C) > D) < E) = F) =

Page 58

A) 110 mm B) 70 mm C) 75 mm D) 95 mm E) 155 mm
F) 300 mm G) 210 mm H) 105 mm I) 160 mm

Page 59

1. 200 mm 2. 260 mm 3. 170 mm 4. 320 mm

Le trajet le plus court : 4 Le trajet le plus long : 3

Page 60

Produit	Produit	Produit	Produit
30	11	42	81
14	45	0	5
36	96	40	22
0	0	56	0
54	18	77	110
25	8	15	24
24	42	40	64
10	40	24	0
80	50	55	48
48	36	70	33
6	35	121	33
63	72	6	25
132	30	49	70
20	44	99	144
36	55	0	4
77	16	35	45

Page 61

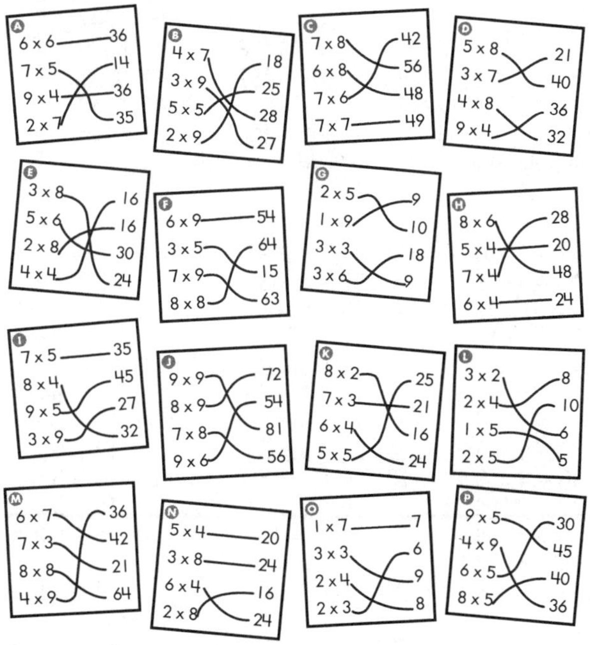

Page 62

Aliment	Classe A	Classe B	Classe C	Classe D
sandwichs	8	6	9	10
mini-pizzas	32	24	36	40
bâtonnets	40	30	45	50
pommes	16	12	18	20
biscuits	24	18	27	30

Page 63

1. $\frac{2}{4}$ 2. $\frac{3}{3}$ 3. $\frac{5}{6}$ 4. $\frac{8}{2}$ 5. $\frac{6}{7}$
6. $\frac{7}{10}$ 7. $\frac{5}{5}$ 8. $\frac{4}{8}$ 9. $\frac{9}{9}$ 10. $\frac{12}{2}$

Page 64

1. 4 2. 4 3. 8 4. 6 5. 7 6. 12
7. 6 8. 8 9. 6 10. 8 11. 4 12. 10
13. 8 14. 2 15. 6 16. 3 17. 18 18. 7
19. 12 20. 10 21. 4 22. 18 23. 7 24. 6
25. 2 26. 9 27. 6 28. 6

Page 65

A) 1540	B) 4284	C) 1428	D) 408
E) 2814	F) 4400	G) 2835	H) 844
I) 2515	J) 1728	K) 1992	L) 945
M) 1893	N) 5068	O) 1032	P) 2952
Q) 1485	R) 6675	S) 1518	T) 1426
U) 3034	V) 2989	W) 3763	X) 6188

Le nombre est: 4623

Page 66

1. 528	2. 906	3. 550	4. 1086	5. 856
6. 833	7. 1812	8. 4368	9. 2668	10. 2260
11. 810	12. 1638	13. 2952	14. 1512	15. 1885
16. 1456	17. 1591	18. 1550	19. 1216	20. 5244
21. 34 773	22. 184 814	23. 262 933	24. 106 760	25. 147 460

Page 67

A) 3115	B) 585	C) 1056	D) 5523
E) 1146	F) 5528	G) 2530	H) 1242
I) 556	J) 640	K) 1408	L) 6538
M) 2435	N) 2124	O) 1752	P) 973
Q) 1596	R) 2812	S) 6888	T) 1248
U) 360	V) 4305	W) 3033	X) 6144

Le casse-tête comprend 2005 pièces.

Page 68

1. A) 42 ÷ 7 = 6; 42 ÷ 6 = 7 B) 27 ÷ 3 = 9; 27 ÷ 9 = 3 C) 28 ÷ 4 = 7; 28 ÷ 7 = 4
   D) 9 ÷ 1 = 9; 9 ÷ 9 = 1 E) 25 ÷ 5 = 5 F) 72 ÷ 9 = 8; 72 ÷ 8 = 9
   G) 49 ÷ 7 = 7 H) 18 ÷ 6 = 3; 18 ÷ 3 = 6 I) 18 ÷ 2 = 9; 18 ÷ 9 = 2
   J) 30 ÷ 5 = 6; 30 ÷ 6 = 5 K) 24 ÷ 3 = 8; 24 ÷ 8 = 3 L) 12 ÷ 2 = 6; 12 ÷ 6 = 2
   M) 36 ÷ 4 = 9; 36 ÷ 9 = 4 N) 56 ÷ 7 = 8; 56 ÷ 8 = 7 O) 15 ÷ 5 = 3; 15 ÷ 3 = 5
   P) 16 ÷ 2 = 8; 16 ÷ 8 = 2 Q) 7 ÷ 7 = 1 R) 36 ÷ 6 = 6
   S) 81 ÷ 9 = 9 T) 24 ÷ 4 = 6; 24 ÷ 6 = 4 U) 64 ÷ 8 = 8
   V) 54 ÷ 6 = 9; 54 ÷ 9 = 6 W) 45 ÷ 5 = 9; 45 ÷ 9 = 5 X) 32 ÷ 4 = 8; 32 ÷ 8 = 4
2. A) 3 x 5 = 15; 5 x 3 = 15 B) 5 x 5 = 25 C) 9 x 9 = 81
   D) 8 x 8 = 64 E) 7 x 2 = 14; 2 x 7 = 14 F) 8 x 7 = 56; 7 x 8 = 56
   G) 4 x 8 = 32; 8 x 4 = 32 H) 9 x 3 = 27; 3 x 9 = 27 I) 4 x 5 = 20; 5 x 4 = 20
   J) 9 x 5 = 45; 5 x 9 = 45 K) 5 x 7 = 35; 7 x 5 = 35 L) 9 x 8 = 72; 8 x 9 = 72
   M) 6 x 9 = 54; 9 x 6 = 54 N) 7 x 7 = 49 O) 9 x 7 = 63; 7 x 9 = 63
   P) 3 x 9 = 27; 9 x 3 = 27 Q) 6 x 8 = 48; 8 x 6 = 48 R) 5 x 6 = 30; 6 x 5 = 30
   S) 6 x 7 = 42; 7 x 6 = 42 T) 4 x 4 = 16 U) 6 x 4 = 24; 4 x 6 = 24
   V) 8 x 5 = 40; 5 x 8 = 40 W) 6 x 2 = 12; 2 x 6 = 12 X) 1 x 9 = 9; 9 x 1 = 9

Page 69

1.

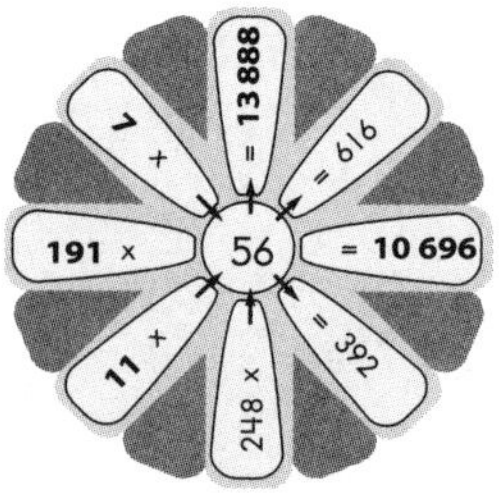

2.

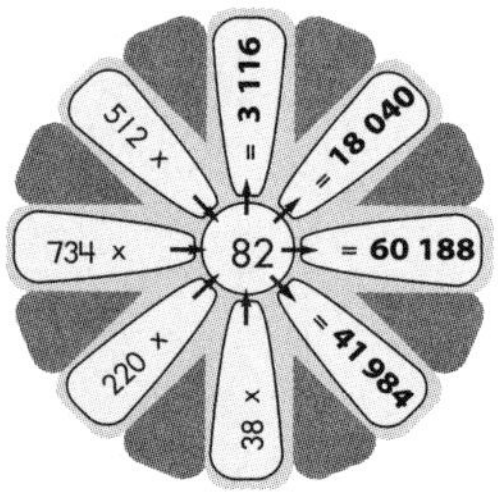

3.

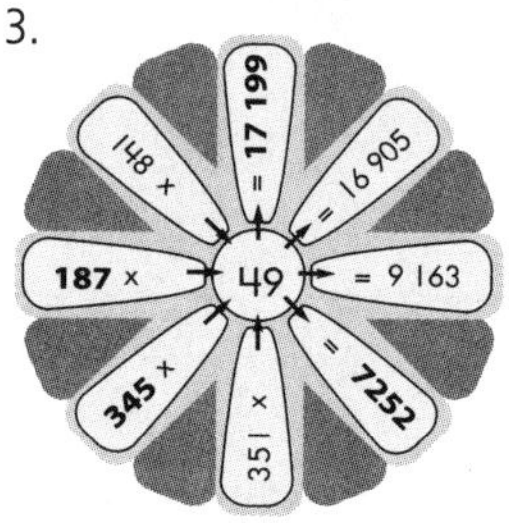

4.

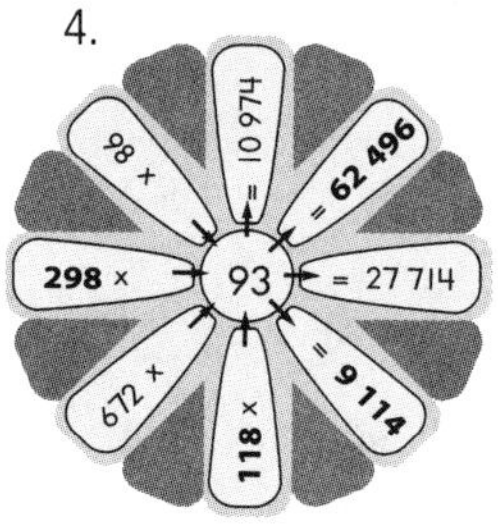

Page 70

1. A) $\frac{2}{8}$ B) $\frac{1}{8}$ C) $\frac{4}{8}$ D) $\frac{6}{8}$ E) $\frac{3}{8}$ F) $\frac{5}{8}$
2. $\frac{24}{12}, \frac{15}{12}, \frac{10}{12}, \frac{8}{12}, \frac{7}{12}, \frac{6}{12}, \frac{4}{12}, \frac{3}{12}, \frac{2}{12}, \frac{1}{12}$

Page 71

Patrice : 2650	Karine: 4 750	Fatima: 4 380
Paola : 7 010	Chanelle : 5 760	Piotr : 3 030
Maude : 2 800	Tranh : 5 540	Gabriel : 3 900
Karl : 5 630	Alberto : 3 290	Sophie : 4 440
Ahmed : 6 680	Mahée : 1 250	

A) Paola B) Mahée

C) 7 010 – 6 680 – 5 760 – 5 630 – 5 540 – 4 750 –4 440 – 4 380 – 3 900 – 3 290 – 3 030 – 2 800 –1 250

Page 72

1. B et E 2. C et D

3. A) B) C) D)

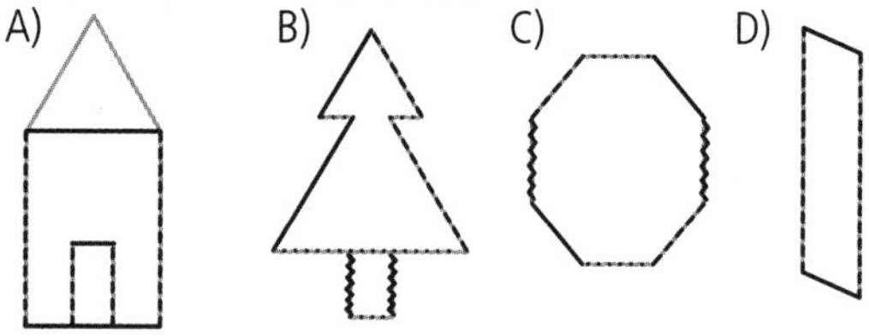

Page 73

1. A) B) C)

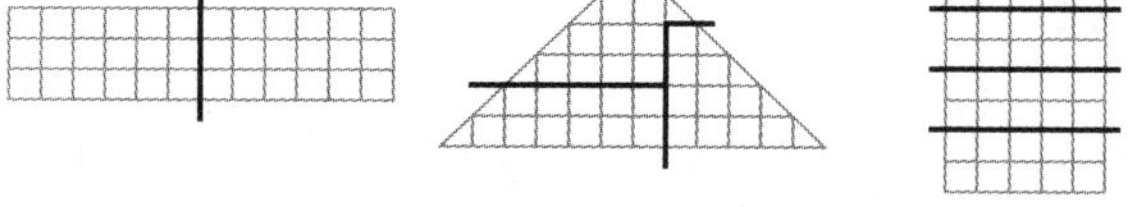

2. A) B) C) D)

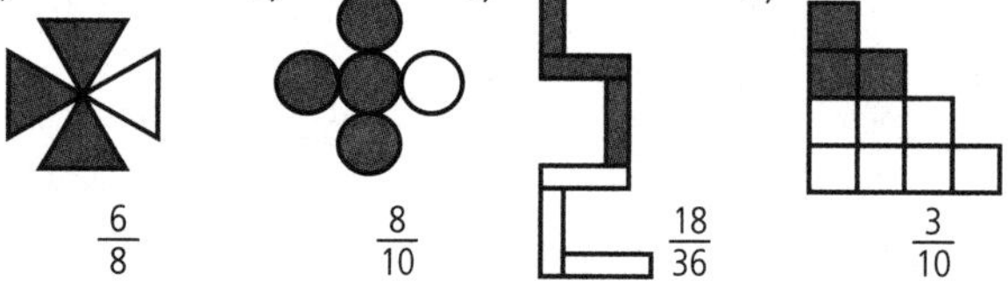

A) $\frac{6}{8}$ B) $\frac{8}{10}$ C) $\frac{18}{36}$ D) $\frac{3}{10}$

3. A) $\frac{4}{7}, \frac{5}{9}, \frac{2}{6}, \frac{3}{12}, \frac{1}{8}$ B) $\frac{9}{6}, \frac{3}{7}, \frac{6}{15}, \frac{1}{3}, \frac{5}{18}$ C) $\frac{7}{5}, \frac{3}{9}, \frac{4}{13}, \frac{1}{7}, \frac{2}{20}$

Page 74

1. 10 cm 2. 8 cm 3. 16 cm 4. 16 cm 5. 12 cm
6. 8 cm 7. 13 cm 8. 12 cm 9. 16 cm 10. 11 cm

Page 75

1. 1585 cm 2. 1604 cm 3. 1290 cm 4. 1630 cm
5. 1562 cm 6. 2670 cm 7. 1207 cm

Page 76

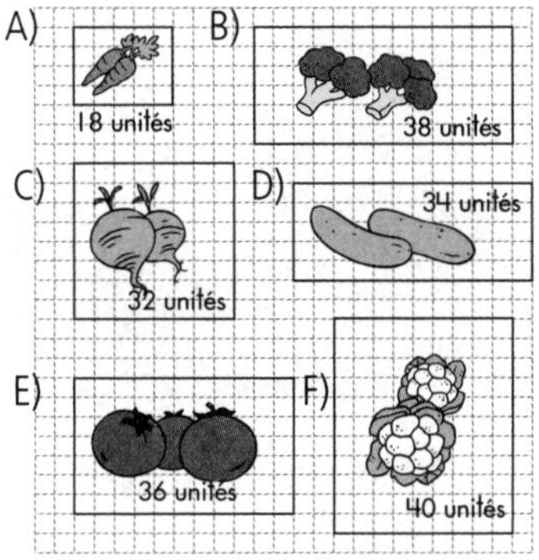

Page 77

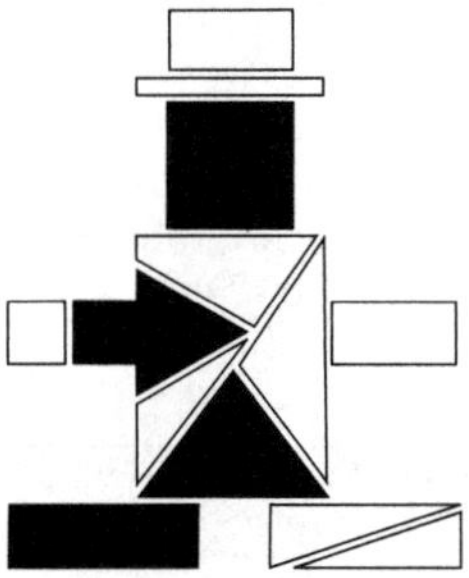

Page 78

A) Prisme rectangulaire
B) Cylindre
C) Pyramide à base carrée
D) Cône
E) Boule
F) Cube
G) Prisme triangulaire
H) Pyramide à base triangulaire
I) Prisme hexagonal

Page 79

1.
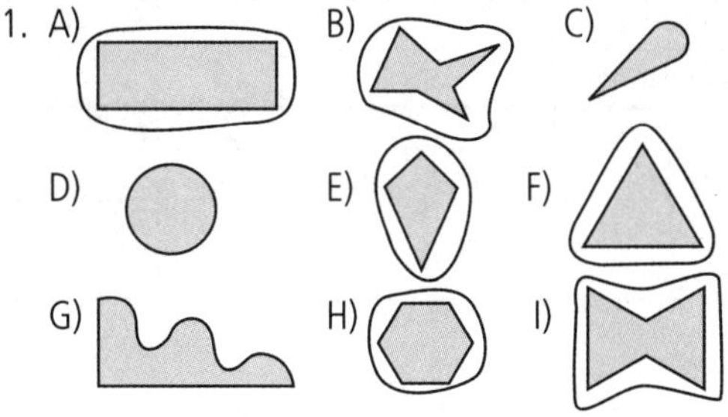

2. Réponses variées. Aucune ligne du dessin ne doit être courbe.

Page 80

1. 520 cm 2. 415 cm 3. 600 cm
4. 538 cm 5. 611 cm 6. 565 cm
7. 750 cm 8. 552 cm 9. 970 cm

Page 81

	Polygone oui ou non ?	Nombre de côtés	Côtés isométriques oui ou non ?	Convexe ou non convexe
A)	Non	—	—	—
B)	Oui	5	Oui	Convexe
C)	Oui	4	Oui	Convexe
D)	Oui	4	Oui	Convexe
E)	Oui	3	Oui	Convexe
F)	Oui	4	Oui	Non convexe
G)	Oui	3	Oui	Convexe
H)	Oui	4	Oui	Convexe
I)	Oui	4	Oui	Convexe
J)	Oui	6	Oui	Convexe
K)	Non	—	—	—
L)	Oui	6	Oui	Convexe

Page 82

A) 7 et 7 B) 6 et 6 C) 4 et 6 D) 6 et 9
E) 5 et 5 F) 3 et 9 G) 9 et 9 H) 2 et 8
I) 5 et6 J) 4 et 4 K) 7 et 8 L) 7 et 9
M) 8 et 8 N) 10 et 10 O) 6 et 7 P) 4 et 5
Q) 6 et 8 R) 5 et 7 S) 3 et 10

Page 83

A) 48 B) 25 C) 18 D) 21
E) 16 F) 27 G) 36 H) 63
I) 32 J) 35 K) 24 L) 49
M) 45 N) 28 O) 7 P) 54
Q) 6 R) 12 S) 81 T) 56
U) 42 V) 64 W) 72 X) 8
Y) 15 Z) 30

Bonjour ! Tu as beaucoup de talent en mathématique. J'adore te présenter mes activités et voir comment tu te débrouilles. Je sais que tu fais de ton mieux. Bravo !

Page 84

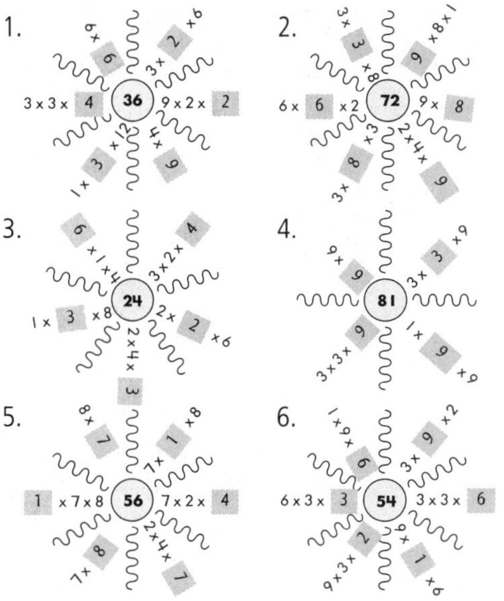

Page 85

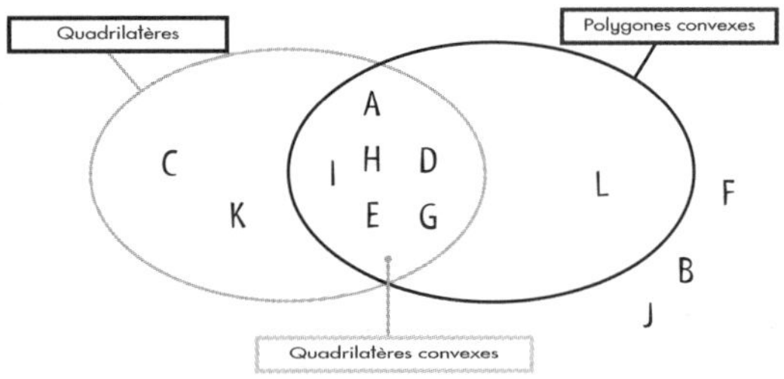

Page 86

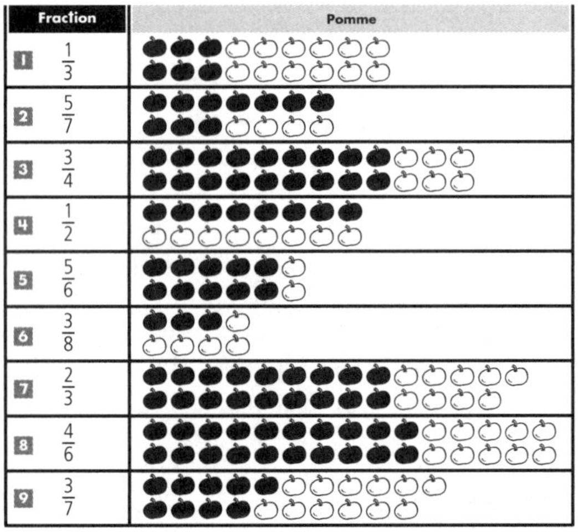

Page 87

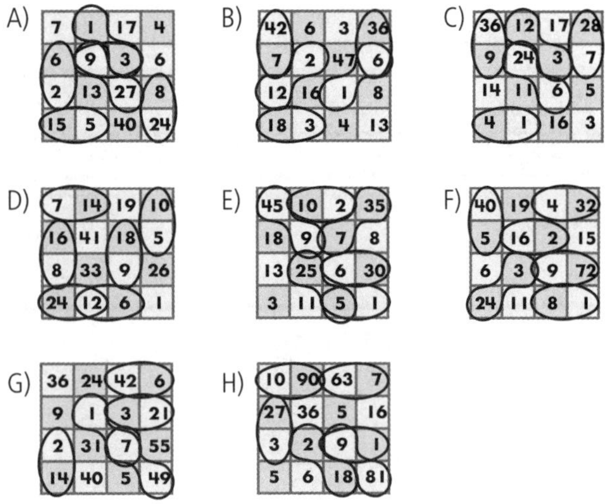

Page 88

A) 605, 610, 600	– 10, + 5
B) 924, 926, 931	+ 5, + 2
C) 1141, 1242, 1343	+ 101
D) 490, 488, 492	+ 4, – 2
E) 93, 100, 108	+ 5, + 6, + 7, + 8
F) 1601, 1701, 1801	+ 100
G) 6072, 6074, 6079	+ 5, + 2
H) 425, 400, 375	– 25
I) 898, 904, 905	+ 1, + 6
J) 12 625, 11 625, 10 625	– 1000

Page 88 (*suite*)

K) 95, 100, 85	– 15, + 5
L) 3027, 2827, 2627	– 200
M) 687, 692, 695	+ 3, + 4, + 5
N) 1016, 1316, 1416	+ 100, + 200, + 300
O) 1695, 1693, 1691	– 2

Page 89

Réponses variées

Page 90

A) 836, 841 B) 657, 661 C) 502, 498
D) 289, 295 E) 329, 336 F) 52, 59

Page 91

1. 140 surprises
2. 6 groupes
3. 35 cadeaux
4. 2 cadeaux
5. 11 animaux
6. Non. 46 ne se divise pas par 6 sans reste.

Page 92

1. 66 problèmes
2. 34 pneus
3. 12 ¢
4. Non. 6 × 2 = 12 pointes
5. 4 fois
6. 25 romans

Page 93

A) 140 $ B) 7 dizaines C) 16 500 spectateurs
D) 3 pointes E) 14 bonnes réponses F) 9000 m

Page 94

	Nom du solide	Nombre de faces	Nombre de sommets	Nombre d'arêtes	Polyèdre : oui ou non ?
1.	cube	6	8	12	oui
2.	cône	1	—	—	non
3.	prisme rectangulaire	6	8	12	oui
4.	pyramide à base carrée	5	5	8	oui
5.	boule	—	—	—	non
6.	prisme triangulaire	5	6	9	oui
7.	cylindre	2	—	—	non
8.	pyramide à base triangulaire	4	4	6	oui

Page 95

1. D 2. B 3. F 4. G 5. I 6. A

Page 96

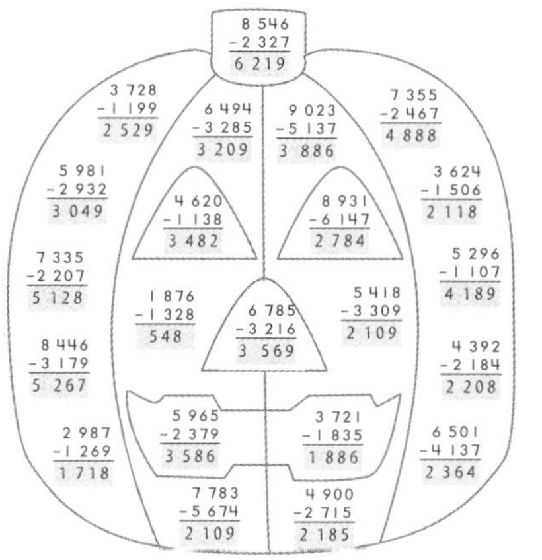

Page 97

1. 55 668 2. 55 329 3. 41 438
4. 58 889 5. 46 609 6. 38 188
7. 42 529 8. 48 651 9. 33 576
10. 53 078 11. 19 209 12. 21 267
13. 52 519 14. 44 584 15. 25 884

Page 98

966, 23, 237, 450, 1374, 15 633, 7007, 7015, 5, 5612, 3254, 4433, 33, 44 000, 41 000, 67 101, 65 101, 8000

Page 99

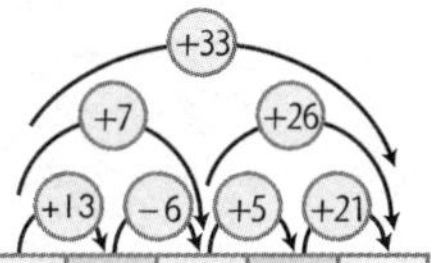

A)

39	52	**46**	51	72
86	99	**93**	98	119
121	134	**128**	133	154
245	258	252	**257**	**278**
82	95	89	94	115
618	631	625	**630**	651
117	130	124	129	**150**
306	319	**313**	318	339

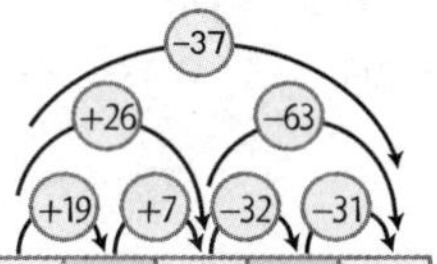

B)

90	109	**116**	84	53
135	**154**	161	**129**	98
38	**57**	64	32	1
115	134	141	109	78
77	96	**103**	71	**40**
323	**342**	349	317	286
108	127	134	102	71
466	485	492	**460**	429
86	105	112	80	**49**
170	189	196	164	**133**

Page 100

A) 63 K) 342
B) 25 L) 3297
C) 141 M) 609
D) 125 N) 6625
E) 738 O) 51
F) 152 P) 1925
G) 141 Q) 149
H) 363 R) 32
I) 124 S) 355
J) 28 T) 2195

Page 101

1. Oui. 6 x 15 = 90
2. Non. 30 × 3 = 90
3. 124 tranches de veau
4. 48 tasses
5. 40 litres
6. 4 clémentines

Page 102

1.

3	**18**	**34**	15
27	**20**	**12**	11
19	**22**	16	13
21	**10**	**8**	**31**

2. Réponses variées. Exemple :

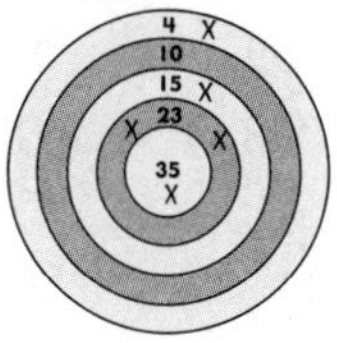

3. 7

Page 103

Réponses variées.

Index

Numération

Opérations

Géométrie

Mesure

Statistique